AF554181

LA COUR DE PÉKING

NOTES

SUR LA CONSTITUTION

LA VIE ET LE FONCTIONNEMENT DE CETTE COUR

PAR

M. Maurice COURANT

Extrait du *Bulletin de Géographie historique et descriptive*, 1891, n° 3.

PARIS

ERNEST LEROUX, ÉDITEUR

28, RUE BONAPARTE, 28

—

1894

LA COUR DE PÉKING

LA COUR DE PÉKING

NOTES

SUR LA CONSTITUTION, LA VIE ET LE FONCTIONNEMENT DE CETTE COUR

PAR M. MAURICE COURANT

Dans le présent travail, je me propose d'étudier la cour impériale de Péking. Le sujet est vaste, une vie d'homme suffirait à peine à en faire le tour et en parcourir toutes les voies. Je ne dissimule pas ma faiblesse pour entreprendre un aussi long voyage : mais ce que je veux tâcher de faire, c'est seulement d'apercevoir et de marquer les grandes lignes, le plan d'ensemble de cette cour. Cela, du moins, je m'efforcerai de le faire avec toute la précision et l'exactitude qu'il me sera possible d'atteindre : heureux si je ne reste pas trop loin du but.

Les principaux points de cette étude seront les suivants : la maison impériale, empereur et princes, avec sa constitution et son conseil ; les différents événements qui modifient l'état des personnes de la maison impériale, entre autres, mariage, mort, avènement, avec le cérémonial usité dans ces circonstances ; les différents corps et les diverses administrations qui entourent l'empereur et sont chargés du fonctionnement de la cour impériale, c'est-à-dire les hauts dignitaires de la cour, les gardes du corps, l'intendance de la cour, les médecins, explicateurs et astrologues de Sa Majesté ; le Ministère des Rites et plusieurs autres administrations qui ont à régler les questions de cérémonial. Je chercherai à dégager la condition des personnages et administrations dont j'aurai à parler ; je tâcherai de montrer leur rôle et leurs rapports. Telle sera la première partie de mon travail.

Sur la plupart des points, il y a abondance de documents officiels qui se trouvent dans la *Gazette de Péking*, dans les annuaires administratifs, dans l'*Encyclopédie administrative* et dans quelques autres ouvrages ; pour deux ou trois questions cependant, qui touchent à la vie intime du palais, la pénurie de textes est presque complète, et j'ai dû me contenter de renseignements oraux. Des documents que j'ai entre les mains, je me servirai de deux façons: l'exposé même des faits, contenu dans la première partie, ne sera presque que la traduction de passages pris dans les ouvrages que j'ai consultés, passages trop fragmentés, trop nombreux et trop divers pour que je puisse, sauf par exception, en citer les sources ; je me bornerai à relier ensemble ces lambeaux de phrases chinoises, et à en faire des phrases françaises. A l'appui des points les plus importants, je donnerai un certain nombre de mes documents, en traduction intégrale ; ces traductions formeront la seconde partie de mon travail. Je préfère les mettre à part craignant qu'insérées dans l'exposé même, elles n'en rendent la contexture encore plus hachée et la lecture plus difficile.

La maison impériale.

La famille qui règne aujourd'hui en Chine est mantchoue. A cause de son nom de Ngai-sin, 愛新 (or), il s'est formé dans le peuple des légendes la rattachant à une dynastie tartare qui, sous le nom de Kin, 金 (or), a dominé le nord de la Chine aux XIIe et XIIIe siècles.

L'empereur K'ang-hi, 康熙, à qui l'on parlait de ces légendes, répondit que les Ngai-sin ne descendent pas des Kin (Tartares Niu-tchen, 女眞), mais que les Ngai-sin et les Niu-tchen sont deux branches collatérales, issues de l'antique tribu des Sou-chen, 肅愼, qui était établie dans le territoire actuel de la province de Girin, 吉林, et dont les archers étaient renommés à l'époque de l'empereur Chwen, 舜 (2255-2205 avant notre ère). C'est dans la seconde moitié du XVIe siècle que les Ngai-sin ont commencé à étendre leur pouvoir en Mantchourie, d'où ils ont gagné le Tché-li et sont arrivés, à la faveur des dissensions qui ont déchiré les règnes des derniers Ming, 明, à renverser cette dynastie. Quand ils ont commencé à prétendre à dominer tout l'empire chinois, sous le règne de T'ai-tsong, 太恒 (1636), ils ont donné à leur dynastie le nom chinois de Ts'ing, 清, qu'elle porte encore aujourd'hui. La conquête s'est trouvée achevée sous le règne de Chwen-tché, 順治 (1644-1662), ou plutôt encore sous celui de K'ang-hi (1662-1723).

Le règne d'un empereur de Chine peut être désigné de deux façons, soit par le nom de règne, 年號,國號, soit par le nom de temple, 廟號, de l'empereur dont il est question. Lors de l'avènement, deux caractères sont choisis avec soin pour présenter un sens favorable, en rapport plus ou moins direct avec les circonstances de l'époque, et servent à désigner le temps du règne; ce sont ces deux caractères, tels que *K'ang-hi*, *K'ien-long*, 乾隆, *Kwang-sin*, 光緒, dont on se sert souvent pour désigner l'empereur lui-même; il faudrait dire non pas la 15e année du règne de Kwang-sin, mais la 15e année de l'ère Kwang-sin, comme on dit l'an 1306 de l'hégire. Ces caractères K'ang-hi, K'ien-long, Kwang-sin, sont ce qu'on appelle les noms de règne. On peut dire aussi : sous le règne de tel empereur, mais il faut alors employer, comme chaque fois qu'on parle d'un empereur mort, le nom qui est inscrit sur sa tablette funéraire dans son tombeau; au lieu de dire l'empereur K'ang-hi, on dira l'Ancêtre Saint, Empereur Miséricordieux, 聖宗仁皇帝; pour l'empereur K'ien-long, on dira l'Aïeul Sublime, Empereur Parfait, 高宗純皇帝. Pour parler de l'empereur régnant, on doit dire tout simplement l'Empereur, ou employer quelque terme équivalent. Quoi qu'il en soit, pour la commodité de la rédaction, je continuerai d'employer les noms de règne pour désigner les empereurs mêmes.

L'empereur a un nom postnom, comme tout Chinois : à partir de son avènement, seuls ceux qui lui sont supérieurs peuvent prononcer ce postnom; et le cas ne se présente que si un empereur a abdiqué et remis le pouvoir à son fils, ou s'il existe une impératrice douairière. De plus le second caractère du postnom impérial subit une modification de forme et ne peut être écrit qu'ainsi modifié pendant toute la durée de la dynastie. L'empereur K'ang-hi, se conformant à un usage répandu en Chine avec de légères variations dans l'application, donna à tous ses fils des postnoms analogues, formés de deux caractères, le premier et la clef du second étant communs à tous. L'empereur K'ien-long (1736-1796) fixa quatre caractères qui devaient être les premiers caractères des postnoms de quatre générations de ses descendants, la première génération devant avoir le caractère *Yong*, 永, la seconde le caractère *Mien*, 綿, la troisième le caractère *Yi*, 奕, et la quatrième le caractère *Tsai*, 載. Des décrets de 1826 et 1857 ont fixé huit autres caractères pour servir à huit générations successives, 溥 毓 祖 啓 燾 闓 增 祺. De plus, les empereurs ont toujours eu soin, à l'exemple de K'ang-hi, en donnant des postnoms à leurs fils et petits-fils ou à leurs collatéraux les plus rapprochés, les seuls auxquels ils accordent l'honneur d'un postnom donné par décret, de choisir pour seconds caractères des caractères ayant une même clef pour les membres d'une même génération [1]. Quand un collatéral plus éloigné a été adopté par un membre de la famille impériale la plus proche, l'adopté a dû changer son postnom pour le mettre en harmonie avec ceux des princes de sa génération.

La dignité impériale se transmet de père en fils. Il n'y a pas d'héritier présomptif désigné comme il y en avait sous les Ming : les Ts'ing ont renoncé à cette coutume à cause des compétitions et des crimes qui en résultaient. Habituellement le fils aîné monte sur le trône : mais l'empereur peut désigner son successeur par son testament ; le fait de la désignation d'un cadet pour accéder au trône, s'est produit deux fois, en faveur de Yong-tcheng, 雍正 (1723-1736), troisième fils de K'ang-hi, et de Hien-fong,

1. Le fils aîné de l'empereur Tao-kwang, 道光, mort avant son père, portait le postnom de 奕緯 (avec la clef 糸), tandis que les postnoms de ses frères renfermaient la clef 言, 奕詝, 奕誴, 奕訢, 奕譞, 奕詥, 奕譓. Cette irrégularité vient de ce qu'un décret, rendu après la mort du prince, a modifié les postnoms des autres fils de l'empereur.

咸豐 (1851-1862), quatrième fils de Tao-kwang, 道光 : les frères aînés de Hien-fong étaient morts, mais l'un d'eux avait laissé un fils. A la mort de Yong-tcheng et de Hien-fong, le trône a passé à leurs descendants.

Le dernier empereur, T'ong-tché, 同治 (1862-1875), fils de Hien-fong, étant mort fort jeune et sans enfants, l'influence de Ts'ehi, 慈禧, impératrice de l'Ouest, veuve de Hien-fong, mère de T'ong-tché, l'une des deux régentes pendant la minorité de ce prince, a fait désigner comme empereur Tsai-tien, 載恬, un enfant de trois ans, cousin germain de T'ong-tché (postnom : 載淳) : Tsai-tien est fils de l'un des frères de Hien-fong et de la sœur de l'impératrice Ts'ehi. C'est ce prince qui est sur le trône et dont le règne porte le nom de Kwang-sin. Il a été donné en adoption posthume à l'empereur Hien-fong : il est donc considéré comme le frère de son prédécesseur immédiat. Plus d'un Chinois a vu ce choix avec déplaisir : car l'empereur T'ong-tché se trouve actuellement sans descendant, même adoptif, qui puisse lui adresser les prières obligatoires des descendants à leurs ancêtres. Pour que tout se passât correctement, il eût fallu donner en adoption posthume à T'ong-tché, 載淳, un prince de la génération suivante ayant dans son postnom, le caractère *P'ou*, 溥. On a imaginé un correctif qui consistera à donner en adoption posthume à T'ong-tché, l'un des fils à naître de Kwang-sin. Mais si le fils adoptif de T'ong-tché vient par la suite à monter sur le trône, l'empereur Kwang-sin n'aura pas dans sa descendance un empereur pour lui offrir les sacrifices impériaux; et si le fils adoptif de T'ong-tché ne monte pas sur le trône, c'est l'empereur T'ong-tché qui sera privé des sacrifices impériaux : les deux alternatives sont également fâcheuses.

Les fils de l'empereur ont tous également le titre de *tolok'iako*, 多羅基阿哥; ils sont élevés ensemble dans l'intérieur du palais. Vers l'âge de seize ou dix-huit ans, chacun reçoit un palais où il s'établit, une dotation lui est assignée et un décret lui confère le titre de grand prince du premier ou du second rang, 和碩親王, 多羅郡王, avec une désignation nobiliaire spéciale, 封號, formée d'un ou deux caractères qui sont choisis pour offrir un sens favorable (par exemple : prince de la Libéralité et de la Vénération, 惇恪; prince du Respect, 恭; prince de la Générosité, 醇). En général les fils de l'impératrice sont grands princes du premier rang et ceux que l'empereur a eus de ses autres femmes sont du second rang : mais la règle n'a rien d'absolu. S'il arrive que l'un des fils de l'empereur soit fou ou idiot, on ne lui donne aucun titre et on le tient, sa vie durant, enfermé dans un palais où rien ne lui manque de ce qui peut adoucir sa réclusion. Si un fils d'empereur, ou même quelque prince moins rapproché de la personne du souverain, se rend coupable d'un crime, on lui envoie un lacet et l'ordre de s'étrangler.

Les filles de l'empereur portent aussi des titres différents suivant que leur mère est l'impératrice ou l'une des autres femmes, 固倫公主, 和碩公主. Quand une princesse est en âge d'être mariée, l'empereur charge un haut personnage revêtu du titre spécial de Médiateur, 拴婚大臣, de chercher un gendre, 額駙 : le gendre doit être Mantchou ou Mongol; son père, son grand-père et son bisaïeul doivent tous trois avoir obtenu au moins la deuxième classe du deuxième rang du mandarinat civil, ou la première classe du deuxième rang du mandarinat militaire : ces rangs correspondent aux fonctions de président ou vice-président de ministère, vice-roi, gouverneur ou trésorier provincial, maréchal ou lieutenant général dans les Bannières, général de division dans l'armée chinoise. Beaucoup de princesses sont données en mariage à des princes mongols pour resserrer les liens qui unissent à la dynastie des Ts'ing. Ces conditions de rang sont seules demandées. Le Médiateur s'entend avec la famille du gendre. Outre la dot de la princesse, une pension est accordée au gendre. Le lendemain du mariage, celui-ci doit adresser à l'empereur ses remerciements officiels pour le bienfait qu'il a reçu; il est toujours, vis-à-vis de sa femme, dans la position d'un inférieur. Les gendres impériaux ne sont pas désignés par leur nom, mais par les titres de grand gendre, second gendre, troisième gendre, suivant que la princesse qu'ils ont épousée, est l'aînée ou l'une des cadettes. Ils débutent en général dans les fonctions publiques par le second rang des grands ayant charge à la cour, 散秩大臣, et doivent alors accompagner partout l'empereur et se tenir à sa disposition; ils obtiennent ensuite des places très lucratives et peuvent arriver à tous les postes, sauf à celui de directeur de l'Intendance de la Cour et aux commandements militaires effectifs; ils peuvent toutefois avoir des grades dans l'armée. Ils portent sur le chapeau un globule rouge et le poitrail de leur cheval est orné d'une double frange rouge. Si la princesse qu'ils ont épousée vient à mourir, ils ne peuvent une seconde fois épouser une fille d'empereur. Leurs fils, sans appartenir à la maison impériale, obtiennent parfois des titres de noblesse impériale.

Huit familles princières ont, dès les origines de la dynastie, reçu leur titre avec droit de transmission héréditaire à perpétuité : ces huit maisons descendent toutes des deux premiers empereurs mantchous, T'ai-tsou et T'ai-tsong, 太祖高皇帝, 太宗文皇帝, dont les règnes portent les noms de T'ien-ming, 天命 (1616), T'ien-ts'ong, 天聰 (1627) et Tch'ong-te, 崇德 (1636). Cette faveur leur a été accordée à cause des services rendus par leurs chefs primitifs, fils des empereurs T'ai-tsou ou T'ai-tsong, à l'époque de la conquête; l'un de ces princes, le prince de Sou, porte encore aujourd'hui le nom populaire de prince de Corée, parce que le premier prince de Sou a soumis ce royaume. Ces princes, désignés d'ensemble sous le nom des huit princes au casque de fer, portent les titres de grands princes du premier rang de Li, 禮, de Jwei, 睿, de Yu, 豫, de Sou, 肅, de Tcheng, 鄭, de Tchwang, 莊; grands princes du second rang de Chwen-tch'eng, 順承, et de K'o-k'in, 克勤. Une neuvième maison est celle des princes de Yi, 怡 : le fondateur était le treizième fils de K'ang-hi et il reçut l'hérédité perpétuelle de son frère monté sur le trône sous le nom de Yong-tcheng. L'hérédité perpétuelle a été donnée à deux des frères de Hien-fong : au prince de Kong, 恭, à cause des services rendus par lui lors de la guerre de 1860 et contre la conspiration qui a eu lieu à la mort de Hien-fong; et au prince de Chwen, 醇, par son fils qui règne actuellement. Les titres tenus avec droit d'hérédité perpétuelle passent au fils aîné, sauf exceptions motivées : les cadets obtiennent fréquemment des titres inférieurs de noblesse impériale.

Au-dessous des titres de grand prince du premier et de grand prince du second rang, existent ceux de princes du premier et du second rang, 多羅貝勒, 固山貝子, de ducs du premier, du second, du troisième et du quatrième rang, 奉恩鎮國公, 奉恩輔國公, 不入八分鎮國公, 不入八分輔國公, de nobles du premier, du second, du troisième et du quatrième rang, 鎮國將軍, 輔國將軍, 奉國將軍, 奉恩將軍; il y a donc en tout douze degrés de noblesse impériale.

La loi commune de transmission de ces titres est la suivante : les titres nobiliaires sont personnels et ne passent au fils du possesseur primitif que par décret spécial de l'empereur; si un décret confère au fils un titre de même degré que celui que portait le père, la qualification nobiliaire varie le plus souvent; ainsi un prince de Hwai, 懷, a eu pour fils un prince de Jwei-min, 瑞愍. Souvent l'aîné de la famille obtient, à la mort de son père, un titre d'un ou deux degrés inférieur au titre de celui-ci; les autres fils reçoivent alors le titre de noble impérial, qui les met au neuvième, dixième, onzième ou douzième rang de la noblesse; les fils des concubines n'obtiennent généralement pas de titre, à moins qu'il n'y ait pas de fils de la première femme. Généralement les fils n'ont pas de titre du vivant de leur père. Si un noble d'un rang quelconque rend quelque service qui lui gagne la faveur impériale, un décret lui confère le degré immédiatement supérieur, mais sans lui permettre de porter le titre correspondant; il sera prince du premier rang, ayant degré de grand prince du second rang, et il faudra un nouveau décret pour qu'il puisse s'intituler grand prince du second rang. Cette ascension dans la hiérarchie est rare; elle ne s'accorde que pour des services signalés, ou dans des occasions importantes, telles que le mariage de l'empereur. Celui qui rend des services plus signalés encore, obtient la transmission héréditaire de son titre pour trois, cinq, sept ou neuf générations; l'hérédité perpétuelle n'existe que pour les onze maisons dont j'ai parlé plus haut. En général, le degré de noblesse baisse à chaque génération, et bien des descendants d'empereurs sont simples membres de la maison impériale sans titre nobiliaire, 宗室.

Beaucoup de chefs mongols ont reçu différents titres de noblesse impériale et un grand nombre de ces princes et ducs mongols ont le droit de transmission héréditaire perpétuelle ou limitée à trois, cinq, sept, neuf générations. Un titre spécial de duc est donné au père de l'impératrice, 承恩公; les fils des filles de l'empereur peuvent aussi être ducs; le chef de la famille de Confucius et le chef d'une branche de la dynastie des Ming actuellement survivante sont également ducs et ont un rang marqué à la cour lorsqu'ils y paraissent, 衍聖公, 誠公. Mais toutes ces dernières catégories de nobles ne sont pas comptées dans la maison impériale, bien qu'ils aient les privilèges attachés à leur degré de noblesse.

L'adoption est très répandue en Chine, pour assurer la perpétuité des sacrifices aux ancêtres : à plus forte raison est-elle fréquente dans les différentes familles de la maison impériale qui désirent naturellement plus que toutes les autres, que ces sacrifices ne cessent pas d'être offerts. L'adopté doit toujours être un collatéral d'une génération inférieure à l'adoptant; dans la famille impériale, un noble du postnom de Yi ne pourra adopter qu'un collatéral portant le postnom de Tsai. L'adoption ne peut jamais porter sur un fils aîné ni sur un membre d'une autre famille; elle n'a lieu que du consentement de tous les membres de la famille qui sont de la même branche que les intéressés. La seule cérémonie est le prosternement de l'adopté devant son père adoptif. Les adoptions qui touchent les parents les plus proches de l'empereur sont consacrées par décret : c'est ainsi que l'empereur Tao-kwang a donné son cinquième fils en adoption à son frère; un fils cadet du prince de Kong a été adopté par son oncle, le prince de Tchong, 鍾 : depuis lors, l'adoption a été annulée, parce que, le fils aîné du prince de Kong étant mort sans enfants, la maison de Kong n'avait plus d'héritier. Les adoptions posthumes sont même en usage : j'ai parlé de celle qui a fait de l'empereur actuel le fils adoptif de Hien-fong ; de même un collatéral assez éloigné a été donné en adoption posthume au prince de Yin-tché, 隱智, fils aîné de Tao-kwang.

Les membres, fort nombreux, de la maison impériale, qui n'ont pas de titre nobiliaire, 宗室, sont connus sous le nom populaire de « Ceintures jaunes », 黃帶子, à cause de la ceinture jaune qui les distingue. A la maison impériale se rattachent encore les Gioro, 覺羅, ou « Ceintures rouges », 紅帶子 : ce sont ou des descendants des chefs Ngai-sin antérieurs à T'ai-tsou et T'ai-tsong, ou des membres plus rapprochés de la maison impériale, dont un des ancêtres a été dégradé et privé de la ceinture jaune.

Outre cette ceinture jaune distinctive, les *tsong-ché* ont seuls droit à la robe ayant quatre fentes dans le bas et au chapeau surmonté d'un bouton de *ts'ing-kin*, 青金 (sorte de lapis à paillettes d'or) ; ils font seuls l'agenouillement au lieu de la génuflexion ; même sans aucune fonction, ils sont assimilés aux fonctionnaires du quatrième rang, ce qui leur donne le droit de porter le rational orné d'un tigre. Ils ne peuvent d'ailleurs exercer en province que les plus hautes fonctions, telles que celles de vice-roi, gouverneur, etc., afin d'éviter les dissentiments avec les autorités qui leur seraient supérieures. A Péking, ils peuvent avoir des postes de rang beaucoup moins élevé. Sauf le cas de fonctions en province, ils ne peuvent s'éloigner de Péking ou de Moukden, 盛京, seconde capitale de l'empire, à une distance de plus de quarante li. Ceux qui se trouvent trop pauvres pour vivre à Péking, sont, sur leur demande, envoyés à Moukden aux frais de l'empereur qui leur fournit un logement et des terres à cultiver ou affermer ; cet établissement pour les tsong-ché a été fondé sous le règne de Kia-k'ing, 嘉慶. D'ailleurs toute profession leur est interdite. Il y a une vingtaine d'années, le prince de Kong a fait rechercher et punir ceux des tsong-ché qui s'étaient éloignés de leur résidence, ceux qui avaient réussi à se glisser dans les fonctions publiques inférieures ou qui exerçaient un métier. Il paraît néanmoins que nombre des maisons de jeu de Péking appartiennent à des tsong-ché qui les exploitent par l'intermédiaire d'un prête-nom. Les tsong-ché reçoivent du trésor 3 taëls par mois jusqu'à dix-huit ans, et ensuite 4 taëls.

Tous les nobles ont droit à des pensions fixées d'après leur degré et payées par le trésor; ils sont souvent délégués pour faire les prières d'usage en l'honneur des membres défunts de la Maison impériale, pour assister l'empereur dans les sacrifices et pour prendre part aux cérémonies du palais. Certaines marques d'honneur, telles que la plume de paon, leur sont accordées beaucoup plus facilement qu'aux autres Mantchous et aux Chinois.

Les nobles des six degrés supérieurs (grands princes, princes et ducs du premier et du second rang) ont droit à huit marques distinctives, 八分 : le bouton de ts'ing-kin et la plume de paon à deux yeux sur le chapeau, la bride de pourpre et la housse pour la selle, la théière portée à dos d'homme, les clous à grosse tête sur la porte de leur palais, les pavillons, habituellement roulés, à droite et à gauche de la porte principale et les chevaux de frise auprès des entrées de leur palais. Les princes ont de plus la lanterne en corne de bœuf, la robe de cour à quatre dragons et portent sur le chapeau un bouton en torsade de soie rouge au lieu du bouton en pierre précieuse.

Le conseil de la maison impériale, 宗人府.

Toutes les affaires concernant la maison impériale sont du ressort du conseil de la maison impériale, 宗人府, dont le siège est à Péking. Ce conseil se compose d'un président, de deux vice-présidents, de deux assesseurs et d'un assistant et a sous ses ordres plusieurs séries de secrétaires et de rédacteurs. Le président, les vice-présidents et les assesseurs sont membres de la maison impériale; la règle, observée partout ailleurs en Chine, d'après laquelle deux proches parents ou alliés ne peuvent être employés dans la même administration, n'est pas suivie pour le conseil de la maison impériale; seul le fonctionnaire ayant le titre d'assistant doit toujours être un Chinois.

Ce conseil tient l'état civil de la maison impériale. Il y a des registres pour les naissances, pour les mariages et pour les décès. On mentionne les noms des père et mère, le postnom donné à l'enfant, son sexe, le jour et l'heure de sa naissance ; les noms et postnoms des conjoints, la bannière à laquelle ils appartiennent l'un et l'autre, le jour du mariage ; le nom du mort, le jour et l'heure de sa mort et l'indication : mort de maladie, ou : mort à l'armée. Les déclarations de naissance et de décès doivent être faites dans un délai de trois jours, soit verbalement par les proches, soit par écrit. La déclaration de mariage doit être appuyée, pour celui des conjoints qui n'est pas de la maison impériale, d'une sorte de certificat d'identité délivré et scellé par le capitaine de bannière compétent ; il n'y a dispense de cette obligation que si le mariage a donné lieu à un décret impérial. Les membres de la maison impériale, conformément à la loi chinoise, ne peuvent jamais se marier entre eux ; ils ne peuvent se marier avec les Chinois. Toutefois un tsong-ché peut acheter des Chinoises et en faire ses concubines et, si celles-ci ont des enfants, leur mariage se trouve mentionné sur les registres de l'état civil par l'inscription même de la naissance. Ces registres portent aussi mention des adoptions : on note le nom du père, celui du père adoptif et celui de l'adopté.

Les registres sont tenus en double, suivant deux méthodes : les registres généraux des naissances, des mariages, des décès contiennent chacun l'une de ces sortes de faits, jour par jour, dans l'ordre où ils se présentent ; ces registres généraux servent à établir pour chaque branche de la maison impériale trois registres séparés pour les naissances, pour les mariages et pour les décès. Des registres semblables sont tenus pour les tsong-ché établis à Moukden. De plus tous les registres sont tenus en mantchou et en chinois. Tous les dix ans, une commission spéciale, 玉牒館, est constituée par décret ; elle comprend toujours quelques lecteurs ou explicateurs, 侍讀,侍講, de l'Académie impériale, 翰林院 ; elle est chargée de la collation des registres et du recensement des membres de la maison impériale. Copie des registres de Péking est ensuite portée à Moukden par un dignitaire de la cour délégué à cet effet ; de même, copie des registres de Moukden est apportée à Péking. Si un membre de la maison impériale a des fonctions en province et qu'une naissance, un mariage ou un décès aient lieu dans sa famille, il dresse et envoie à Péking une déclaration scellée par tous les fonctionnaires mantchous de sa résidence.

D'après les registres de l'état civil, le conseil de la maison impériale dresse la liste des membres de la noblesse en âge de se marier; la liste est présentée à l'empereur qui y inscrit : « Je suis informé » et par là, il se désintéresse de la question. Il arrive aussi que, par une faveur spéciale, l'empereur délègue comme Médiateur, 拴婚大臣, un grand de la cour qui s'occupe du mariage d'un prince; la dot de la femme est alors fournie par l'empereur; dans d'autres cas, l'empereur se contente de faire des présents.

Quand un membre non noble de la maison impériale fait au conseil de la maison impériale sa déclaration de mariage, il reçoit 50 taëls pour un premier mariage, 30 taëls pour un second mariage s'il n'a pas de fils du premier, 15 taëls seulement s'il a un fils : car, dans ce cas, la continuation de la famille est déjà assurée. Jadis, lors du premier mariage, l'empereur déléguait un grand personnage pour examiner l'intelligence et les capacités du jeune homme et lui donnait ainsi l'occasion d'obtenir un poste dans l'administration ; un don accessoire était même ajouté ; cette coutume n'existe plus. Pour le mariage d'une fille de tsong-ché, l'empereur fait aussi un don de 50 taëls.

A la mort d'un tsong-ché assimilé aux fonctionnaires de troisième rang, le conseil de la maison impériale donne 100 taëls pour les funérailles; il donne 50 taëls pour les funérailles d'un tsong-ché qui n'a exercé aucunes fonctions et qui, par conséquent, est du quatrième rang. Quant aux funérailles des nobles, elles donnent lieu à des décrets dont l'exécution n'est pas toujours de la compétence du conseil.

Tout ce qui concerne l'emploi des tsong-ché comme fonctionnaires, nominations, avancements, dégradations; la proposition des tsong-ché pour faire les prières et surveiller les travaux aux tombeaux des empereurs de la dynastie; en général, tout ce qui touche d'une façon quelconque un membre de la maison impériale est du ressort du conseil. Il a, par exemple, des attributions de justice criminelle et civile : les crimes et délits des tsong-ché sont jugés par lui seul. L'une des pénalités est l'exil à Moukden;

une autre consiste dans la radiation des registres et la privation de la ceinture jaune, avec assimilation aux simples Mantchous; jadis une pénalité intermédiaire était la substitution de la ceinture rouge à la ceinture jaune, mais ce châtiment n'est plus en usage depuis plus de deux cents ans. Le châtiment corporel le plus sévère qui fût applicable autrefois, était l'emprisonnement; aujourd'hui les tsong-ché sont punissables de mort, mais seulement après radiation des registres et privation de la ceinture jaune. Le meurtre d'un tsong-ché est plus sévèrement châtié que le meurtre d'un Mantchou ordinaire ou d'un Chinois. Toute contestation civile entre tsong-ché est du ressort du conseil de la maison impériale. Une contestation, s'élevant entre un tsong-ché et un homme qui n'appartient pas à la maison impériale, est jugée par une commission mixte prise dans le conseil de la maison impériale et dans l'autre tribunal compétent; devant tout tribunal, un homme ordinaire, Chinois ou Mantchou, parle à genoux, un tsong-ché reste debout.

Les ducs qui n'appartiennent pas à la maison impériale, dépendent des administrations et tribunaux ordinaires; les princes et ducs mongols sont sous la juridiction de l'administration des frontières, 理藩院.

Après cet exposé de la constitution de la maison impériale et des attributions du conseil chargé de régler les affaires qui la touchent, je dois étudier les faits principaux de la vie de l'empereur et des princes qui forment la tête de cette maison. J'aurai d'abord à parler de l'éducation de l'empereur; le fait d'un empereur enfant ne s'est présenté que trois fois sous la dynastie des Ts'ing : l'empereur actuel avait trois ans à son avènement; T'ong-tché est monté sur le trône à sept ans; K'ang-hi était très jeune aussi quand il est devenu empereur. J'indiquerai ensuite quelle est l'éducation des fils d'empereur et des fils des princes; puis je m'occuperai, pour l'empereur et les princes, du mariage, de la naissance des enfants, des funérailles, des testaments et de l'avènement. J'arriverai ainsi à la fin d'une seconde division de mon travail.

Éducation de l'empereur.

L'empereur actuel a été confié aux soins de servantes choisies par les impératrices régentes, Ts'e-ngan, 慈安, et Ts'e-hi, 慈僖, sur présentation de l'Intendance de la Cour, 內務府; ces servantes devaient marquer à l'empereur le plus grand respect et se tenir à genoux devant lui. Dès l'entrée au palais, il a dû être séparé de sa mère et de son père, le prince de Chwen, car il aurait dû se prosterner devant eux, ce qui en même temps était peu séant pour l'empereur; d'ailleurs les régentes pouvaient appeler, pour voir l'empereur, le prince de Chwen et sa femme. L'empereur a été élevé sous les yeux des impératrices régentes, qui lui ont donné elles-mêmes les premières notions de politesse et de lecture que l'on donne à tout enfant chinois.

Quand l'empereur a atteint l'âge de sept ans, le Grand Conseil, 軍機處, la Grande Chancellerie, 內閣, et les hautes cours (ministères, etc.), dressent une liste de personnages connaissant à fond la littérature, l'histoire, les rites et la science du gouvernement; ils doivent tous avoir au moins trente ans et ne peuvent pas en général dépasser soixante ans; parmi eux, la régence désigne un gouverneur, 總師傅, et plusieurs sous-gouverneurs; le gouverneur de T'ong-tché et celui de Kwang-sin ont été tous deux Chinois; Kwang-sin a eu deux sous-gouverneurs, l'un Mantchou et l'autre Chinois; les gouverneurs et sous-gouverneurs doivent parler le pékinois et être membres de l'Académie impériale. Le gouverneur a sous sa direction les explicateurs impériaux pour les livres canoniques, 經筵講官, et les explicateurs ordinaires de l'empereur, 日講起居注官. Dans la salle où l'empereur doit étudier, est suspendue une tablette qui porte le jour et l'heure de la leçon ainsi que les noms des gouverneurs et explicateurs qui en sont chargés; les noms sont seuls inscrits, les postnoms ne l'étant pas à cause du respect dû par l'empereur à ses précepteurs. Dans la salle d'étude, bibliothèque d'En-haut, 上書房, bibliothèque du Sud, 南書房, salle de la Vertu supérieure, 宏德殿, la table de l'empereur est tournée vers le sud ; à sa gauche, toutes tournées vers l'ouest, sont placées les tables du gouverneur et des sous-gouverneurs et explicateurs assistant à la leçon ou chargés de la donner. Sur un socle sculpté est posée une tablette en bois précieux portant l'inscription : « Tablette de Confucius, le maître antique, le très saint, le très parfait, 大成至聖先師孔子之神位. »

En arrivant, l'empereur est suivi par tout son cortège qui reste hors de la salle. L'empereur va s'incliner devant la tablette de Confucius, puis devant les gouverneur et explicateurs qui se tiennent debout; ils lui répondent par un prosternement. Les jeunes princes, proches parents de l'empereur et élevés avec lui, se prosternent aussi. L'empereur présente ensuite lui-même aux gouverneur et explicateurs du thé, du vin et une collation, après quoi il s'assied. Le maître lit le premier le texte de la leçon; l'empereur d'abord, puis les jeunes princes répètent phrase par phrase; si l'empereur se trompe, le maître frappe sur une table et le prie de se reprendre. La leçon finie, le plus jeune des princes qui étudient, s'incline devant la tablette de Confucius et avertit l'empereur qu'il est temps de se retirer. Tous se lèvent; l'empereur s'incline devant la tablette, puis devant ses maîtres; ceux-ci lui répondent par le prosternement; les princes se prosternent et l'empereur sort sous les yeux du gouverneur. Celui-ci inscrit ce qui a été étudié, avec les observations qu'il a à faire; ces notes sont remises à la Grande Chancellerie. Les leçons ont lieu le matin et dans l'après-midi, et durent chacune environ trois heures.

L'empereur étudie le chinois et le mantchou; il apprend à écrire ces deux langues et fait du tracé des caractères « bonheur » et « longévité », 福壽, une étude spéciale. Il ne compose pas de Wentchang, 文章 (développements en prose mesurée et cadencée sur un thème donné); mais il fait des dissertations sur des sujets concernant les rites, le gouvernement, l'histoire; il apprend la versification : quelques empereurs de la dynastie, K'ien-long particulièrement, se sont distingués comme poètes. L'empereur doit lire les livres canoniques et les livres classiques, 五經四書, les historiens les plus importants et des passages de l'Encyclopédie administrative de la dynastie, 大淸會典; l'explication des textes est dirigée par les explicateurs selon leurs spécialités.

L'empereur apprend aussi à tirer de l'arc et à monter à cheval, sous la direction de hauts dignitaires de la cour. Il a pour compagnons d'exercices les jeunes princes de sa maison; parfois des concours s'organisent entre eux : mais les princes doivent toujours laisser la victoire à l'empereur. L'équitation est dirigée par le grand écuyer, 壓馬大臣.

J'aurai d'ailleurs par la suite à revenir sur les fonctions et privilèges et du grand écuyer, et des gouverneur et explicateurs.

Éducation des princes.

L'éducation des fils d'empereur est analogue à celle dont je viens de parler; ils la reçoivent tous ensemble de précepteurs désignés par l'empereur; ils n'ont d'ailleurs pas autour d'eux la même hiérarchie de gouverneur, sous-gouverneurs, explicateurs : ces fonctionnaires sont attachés seulement à la personne du souverain : l'éducation des fils d'empereur est complète vers l'âge de dix-huit ans; ils reçoivent alors un titre et une qualification nobiliaires, une dotation leur est assignée et l'empereur donne à chacun un palais où il doit s'établir.

Les jeunes nobles de la maison impériale étudient avec des maîtres choisis par leur père, ou parfois par l'empereur; les jeunes gens d'une même branche familiale sont élevés ensemble; il existe des écoles entretenues par l'empereur pour l'éducation des tsong-ché et des gioro, 宗學, 覺羅學; ces écoles sont dirigées par le conseil de la maison impériale. Les jeunes nobles doivent savoir le mantchou, connaître l'Encyclopédie administrative de la dynastie et être capables de monter à cheval et de tirer de l'arc; en dehors de ces connaissances spéciales, leur instruction ne diffère pas de celle de tous les Chinois de bonne famille. A dix-huit ans, les jeunes princes doivent subir un examen, 考試應封, au conseil de la maison impériale devant un prince et de hauts dignitaires spécialement délégués; le fils aîné, qui est appelé à avoir par la suite le titre même du père, ou un titre peu inférieur, doit seulement écrire son nom, son postnom et son âge, et répondre à des interrogations sur l'Encyclopédie administrative; s'il fait preuve d'une trop grande ignorance, on lui donne pour s'instruire un délai de trois ans, à la fin duquel il doit se présenter de nouveau. S'il ne passe pas davantage ce second examen, on lui inflige certaines punitions, telles que interdiction de mariage pendant un laps de temps fixé, et même privation du titre auquel il pourrait avoir droit à la mort de son père et qui est alors donné à l'un de ses cadets. Pour les fils cadets, l'examen est plus sérieux et, s'ils le subissent d'une façon convenable, ils obtiennent des charges au palais, un rang élevé de fonctionnaire, des distinctions honorifiques, telles que la plume de paon, et, à la mort de leur père, un titre nobiliaire. Peu de différence est faite entre les fils de la femme de premier rang et ceux qui sont nés des autres femmes. Quant à ceux qui ne peuvent subir l'examen, ils servent dans les Bannières auxquelles ils appartiennent, ou restent privés pour leur vie de toutes fonctions.

Impératrices et dames du palais,
皇后妃嬪.

Mariage,
大婚.

A la fin de l'éducation se plaçait jadis la cérémonie de la prise du chapeau viril, 冠禮, qui a été supprimée par la dynastie actuelle, lorsqu'elle a imposé la natte à tous les Chinois : les enfants portant la natte à partir de sept ou huit ans, les rites de la prise de la coiffure virile n'avaient plus de raison d'être; les rites du mariage, 婚禮, qui occupaient le second rang, ont donc passé au premier.

C'est vers l'âge de seize ou dix-huit ans que l'empereur se marie. D'après les ordres de l'impératrice régente Ts'e-hi qui attache beaucoup d'importance à l'observation des rites de l'antiquité, une étroite surveillance aurait, me dit-on, été jusque-là exercée sur le jeune empereur Kwang-siu par son gouverneur et par les eunuques, afin d'empêcher toute relation malséante avec les femmes qui vivent dans l'intérieur du palais. Une ligne de conduite moins rigide avait, semble-t-il, été suivie à l'égard de l'empereur T'ong-tché : car, dès avant son mariage, il avait une femme de second rang. Li-fei, 麗妃, qui donna le jour à une princesse; et c'est alors que l'empereur T'ong-tché fut considéré comme en âge de se marier. D'ailleurs les lettrés qui m'ont parlé de ce fait, le considèrent comme contraire aux principes; la question n'a pu être soulevée que trois fois sous la dynastie actuelle; avant T'ong-tché et Kwang-siu, seul K'ang-hi s'était marié étant déjà sur le trône, et c'est aux règles fixées à cette époque que l'on s'est conformé pour l'ordonnance des mariages de T'ong-tché et de Kwang-siu[1].

Quand approche l'âge où l'empereur doit se marier, l'impératrice régente fait écrire aux lieutenants généraux, 都統, des huit Bannières, et aux vice-rois, 總督, et gouverneurs, 巡撫, des provinces, qui doivent rechercher dans leurs juridictions les filles de fonctionnaires mantchous âgées de treize à vingt ans; des listes sont adressées au Ministère du Cens, 戶部, qui prépare un tableau général portant le nom et l'âge des jeunes filles, le nom et les grades de leurs père et ascendants; ce tableau est mis sous les yeux de l'impératrice douairière; celle-ci, tenant compte surtout de l'illustration des familles et des services rendus à l'empire, marque un certain nombre de noms et renvoie les listes au ministère qui fait écrire, pour chaque jeune fille dési-

1. Pour ce chapitre, outre les renseignements oraux assez nombreux que j'ai pu obtenir, je me suis servi des décrets publiés dans la *Gazette de Péking* et de deux séries d'instructions officielles qui ont été imprimées les unes sans titre par les soins du Ministère des Rites, les autres avec les titres de *Cérémonial du mariage impérial* 大婚禮節, *Trousseau de l'Impératrice d'après les coutumes mantchoue et chinoise*, 滿漢裝奩, par l'Intendance de la Cour. Ces deux derniers ouvrages ont été mis en vente chez certains libraires. — Ce sont les instructions du Ministère des Rites et de l'Intendance de la Cour, relatives au mariage de l'empereur T'ong-tché, que M. Devéria a traduites et enrichies d'abondantes notes dans son ouvrage *Un Mariage impérial Chinois* (1 vol. in-18, Leroux, 1887). Après ce très intéressant volume, je ne puis songer à insister sur le cérémonial même du mariage : je ne ferai que le résumer, de façon à maintenir la suite de l'exposé en indiquant les différences qu'il y a entre les cérémonies du mariage de T'ong-tché et celles du mariage de Kwang-siu; et dans ce chapitre, je m'étendrai seulement sur les points qui sont en dehors du *Mariage impérial chinois*.

gnée, une tablette portant son nom, son âge et les grades et distinctions obtenus par ses ascendants. Les jeunes filles, 秀女, sont convoquées par l'intermédiaire des lieutenants généraux et des vice-rois et gouverneurs, pour être amenées à Péking à une époque fixée. Si l'une des jeunes filles désignées est malade ou a quelque infirmité, ses parents avertissent l'autorité et l'impératrice délègue un fonctionnaire pour s'assurer de l'exactitude du fait ; ce fonctionnaire, après examen, informe le Ministère du Cens ; si la maladie est réelle, la jeune fille est dispensée de se présenter ; si l'excuse est fausse, les parents sont punis ; lors du mariage de l'empereur actuel, l'impératrice Ts'e-hi avait donné des ordres très sévères sur ce point.

Les parents, père ou, à son défaut, oncle paternel ou frère aîné, amènent les jeunes filles, à leurs frais, et, quand toutes sont réunies à Péking, le ministère en informe l'impératrice qui fixe le jour où elle les recevra, 初選. Au jour indiqué, les parents les conduisent à la porte du nord de la ville impériale, 地安門 ; tous les fonctionnaires du Ministère du Cens et ceux de la maréchaussée de Péking, 提督衙門, s'y trouvent convoqués pour surveiller et mettre de l'ordre. Les voitures entrent dix par dix ; de petites constructions ont été disposées à l'avance sur la large avenue qui conduit de la porte Ti-ngan à la salle Cheou-hwang, 壽皇殿 : les jeunes filles y descendent avec leurs parents qui, ne pouvant les accompagner plus loin, les attendent à cet endroit. Les fonctionnaires du ministère viennent les chercher et les mettre en ordre dix par dix ; deux secrétaires sont adjoints à chaque groupe : l'un marche en tête et porte les tablettes des noms des jeunes filles ; l'autre secrétaire marche le dernier. Ils les conduisent jusqu'à la porte Chen-wou, 神武門 : des eunuques prennent les tablettes, font entrer les jeunes filles dans l'enceinte du palais et les conduisent auprès de l'impératrice, devant laquelle elles se prosternent. L'impératrice les interroge en chinois, puis remet aux eunuques un certain nombre des tablettes qui lui ont été présentées ; les eunuques emmènent sur-le-champ les jeunes filles ainsi congédiées ; elles sont reconduites à leurs parents par les secrétaires du ministère et peuvent immédiatement quitter Péking.

Après avoir causé quelque temps avec les jeunes filles qu'elle a retenues près d'elle, l'impératrice les congédie à leur tour : celles-ci attendent à Péking qu'un jour soit fixé pour une nouvelle audience, 次選. L'impératrice leur envoie des présents par l'intermédiaire du ministère. Au jour de la seconde audience, elles sont amenées dans les mêmes conditions que la première fois ; l'impératrice en élimine encore quelques-unes : ces dernières reçoivent des présents avant d'être renvoyées chez elles.

Celles qui restent viennent ensuite passer un jour dans des maisons préparées auprès du palais de l'impératrice, 再選 : celle-ci les voit pendant plus longtemps que les premières fois et, sachant lesquelles ont le mieux « les vertus, le langage, la beauté et l'habileté aux travaux qui conviennent à la femme », 婦德婦言婦容婦工, fait enfin un dernier choix. Celles qui sont éliminées à cette troisième audience reçoivent des présents et peuvent quitter Péking[1]. Les élues restent d'abord avec leurs parents ; puis des logements leur sont préparés par le Ministère des Travaux, 工部, soit à l'intérieur du palais impérial, soit dans un palais, 府, mis à leur disposition par l'empereur ; des dames du palais sont chargées de leur enseigner les règles de l'étiquette; des eunuques et des servantes du palais sont à leur disposition. Celles des jeunes filles qui montrent quelque défaut grave peuvent être rendues à leurs parents.

Un décret, rendu au bout de quelques mois, fixe quelle sera l'impératrice, 指立皇后, et un autre décret fixe quelles seront les deux princesses épouses, 妃 ou 嬪, et détermine leurs noms : l'impératrice, femme de Kwang-siu, appartient à la tribu Yéhouala, 葉嚇那拉氏 ; elle est fille de Kwei-siang, 桂祥, frère de l'impératrice Tse'hi, alors vice-lieutenant général, 副都統, et depuis vice-président de ministère en expectative,

1. C'est de lettrés mantchous que je tiens tous ces renseignements sur le choix des jeunes filles, 選看秀女. J'ai dû quitter Péking avant de les

候補侍郎. Les deux princesses épouses, âgées alors l'une de quinze ans, l'autre de treize ans, sont filles de Tch'ang-sin, 長叙, de la tribu T'at'ala, 他他喇氏; les deux princesses épouses ont reçu les noms de Kin-p'in, 瑾嬪, et de Tchen-p'in, 珍嬪. Avant leur élévation, depuis l'époque où l'impératrice douairière les avait choisies, elles habitaient dans l'intérieur du palais : un palais, 邸第, fut alors assigné à la future impératrice; huit eunuques portèrent sa chaise, avec tout le cérémonial dû aux impératrices, jusqu'à la porte Chwen-tchong, 順貞門, d'où les préposés aux équipages, 鑾儀衛, menèrent la souveraine jusqu'à sa demeure provisoire; les deux princesses épouses furent conduites chez leur père par des eunuques du palais pour attendre la date du mariage.

Quinze autres jeunes filles sont élevées au rang de dames du palais, 貴人, six du premier rang, 六院, neuf du second rang, 九嬪: le décret qui les concerne n'est pas publié; l'impératrice douairière leur donne des noms analogues à ceux des princesses épouses, par exemple Adresse, 慧, Élégance, 麗. Après leur élévation, elles sont provisoirement reconduites chez leurs parents par les eunuques. Enfin les dernières parmi les jeunes filles choisies par la régente sont données en mariage à des princes auxquels l'empereur veut marquer une grande faveur.

Plus de deux mois avant l'élévation de l'impératrice, des décrets avaient ordonné au Ministère des Rites d'examiner l'Encyclopédie administrative et les précédents des années K'ang-hi et T'ong-tché afin de déterminer le cérémonial à suivre; le Bureau d'Astrologie, 欽天監, eut ordre de fixer les jours; le Conseil des Cérémonies, 禮儀處, qui n'existe que pour l'époque des mariages impériaux, fut constitué et formé de fonctionnaires du Ministère des Rites, 禮部, du Ministère des Travaux, 工務, et de l'In-

avoir pu vérifier dans l'*Encyclopédie administrative*, qu'il ne m'a pas été possible de rencontrer à Seoul.

tendance de la Cour, 內部府. Les différentes administrations qui devaient prendre part aux cérémonies ou les préparer, Grande Chancellerie, 內閣, Académie Impériale, 翰林院, Ministère des Rites et Ministère des Travaux, 禮部, 工部, Conseil des banquets, 光祿寺, Conseil des Cérémonies, 鴻臚寺, Préposés aux Équipages, 鑾儀衞, Bureau des Manufactures, 造辦處, durent se conformer aux instructions contenues dans les rapports du Ministère des Rites et approuvées par décret, et agir sous la surveillance du conseil spécial des cérémonies du mariage, 禮儀處. Les cérémonies à accomplir furent réglées de la façon suivante et ne diffèrent que pour quelques détails de ce qui avait eu lieu sous T'ong-tché :

1° Les cadeaux d'accordailles, 納采 (14e année, 11e lune, 2e jour ; 4 décembre 1888);

2° La confirmation des accordailles, 大徵 (14e année, 12e lune, 4e jour ; 5 janvier 1889);

3° Les prières au ciel, à la terre et aux ancêtres, 祭告 (15e année, 1re lune, 26e jour ; 25 février 1889);

4° L'investiture et la réception, 册立奉迎 (15e année, 1re lune, 27e jour ; 26 février 1889);

5° La visite, 朝見 (15e année, 2e lune, 4e jour; 5 mars 1889);

6° Les félicitations, 慶賀 (15e année, 2e lune, 4e jour ; 5 mars 1889);

7° Le banquet, 賜宴 (15e année, 2e lune, 5e jour ; 6 mars 1889).

Dans le mois qui précéda la cérémonie de l'investiture, des décrets parurent dans la *Gazette* et désignèrent les princes et hauts dignitaires chargés d'être médiateurs, 正使, 副使, de porter le décret de faire-part impérial, 捧詔, le livre d'investiture et le sceau, 捧册寶, d'adresser les prières au ciel, à la terre et aux ancêtres et de servir de grands chambellans, 前引大臣, pour l'entrée de la souveraine au palais.

Tous les détails des cérémonies, qui devaient avoir lieu depuis l'élévation de l'impératrice. avaient été précédemment réglés par une série d'ordres qui sont recueillis dans le *Cérémonial de l'Intendance* : des princesses par alliance, 福晉, eurent mission de porter les vêtements de cérémonie à la future impératrice et de l'aider à monter en chaise; des dames d'atour, 女官, et des eunuques durent porter chez l'impératrice le livre d'investiture et le sceau et donner lecture du livre d'investiture dans les appartements intérieurs. Ces mêmes instructions fixèrent le nombre et le rang des eunuques qui devaient porter les sceaux, sceptres et autres attributs, décidèrent par qui ils seraient désignés, déclarèrent que le Ministère des Rites et le Conseil des Cérémonies, 鴻臚寺, avaient à préparer les palanquins et tables nécessaires au palais et chez l'impératrice pour transporter et déposer les mandat, 節, sceau, livre d'investiture et décret; que les tentures de soie pour le palais seraient fournies par l'Intendance, mais que le soin des autres objets incombait au Conseil des Cérémonies du mariage, 禮儀處; que les attributs de l'empereur, 法駕鹵簿, devaient être rangés sous la surveillance des directeurs de l'Intendance et que les emblèmes de l'impératrice, 儀駕, seraient mis en ordre par le Ministère des Rites et le Conseil des Cérémonies, 鴻臚寺.

Dans le palais que l'impératrice habitait depuis son élévation, les portes étaient confiées aux eunuques impériaux, les femmes et eunuques de service étaient envoyés par l'Intendance, mais la nourriture était préparée par les soins de la maison paternelle de l'impératrice, qui dut s'occuper aussi de fournir les chandeliers, tapis, étoffes de soie, cadres pour les tendre, tout cela, il est vrai, aux frais de l'Intendance. Le Conseil des Cérémonies du mariage fit faire les inscriptions sur papier rouge qui durent être suspendues chez l'impératrice les jours de fête, et en particulier le jour des accordailles et le jour de la confirmation des accordailles. La collation offerte au père de l'impératrice le jour des accordailles, ainsi que les viandes et gâteaux envoyés à sa mère par l'impératrice douairière furent préparés par l'Intendance.

Un certain souci d'économie parait dans ce fait que la maison paternelle de la future impératrice a été chargée de s'occuper de sa nourriture jusqu'au jour du mariage et de veiller à l'achat de tous les objets nécessaires jusqu'à ce moment. La même idée se retrouve dans la suppression des banquets qui avaient été offerts à la mère de l'impératrice le jour des accordailles et le jour final du banquet, lors du mariage de T'ong-tché : chacun de ces deux banquets a été remplacé par l'envoi de gâteaux, de moutons et de jarres de vin. Enfin les recommandations au sujet des objets offerts à l'impératrice pour les accordailles et la confirmation des accordailles, qui doivent être d'abord conservés dans son palais et qui seront ensuite remis aux eunuques de l'Intendance, ces recommandations dénotent la même préoccupation.

Les instructions préliminaires que je viens de résumer ordonnent encore au Conseil des Cérémonies du mariage de préparer les vêtements de l'impératrice et fixent le costume des princes et hauts dignitaires, des princesses et des dames d'honneur pour les cérémonies où leur présence est requise.

Un autre volume publié par l'Intendance contient la liste des objets formant le trousseau de l'impératrice. Ce trousseau a été payé par l'Intendance; il formait la charge de deux cents séries de porteurs; le cortège du trousseau accompagné d'eunuques et de gardes et surveillé par un grand ayant charge à la cour, commandant les gardes, 領侍衞內大臣, et par un directeur de l'Intendance, 總管內務府大臣, est entré au palais le 24 de la 1re lune (23 février) vers 6 heures du matin et le 25 de la même lune (24 février) à la même heure.

Le volume publié par le Ministère des Rites expose le détail des cérémonies officielles : les unes, accordailles, 納采, confirmation des accordailles, 大徵, investiture, 册立, et réception, 奉迎, et de plus les cérémonies du premier jour dans le rituel de l'Intendance forment et constatent l'union des deux époux. Dans les deux premières, l'empereur ne parait pas lui-même : un sceptre, 節, signe de la délégation impériale, est remis en grande solennité aux médiateurs, 正副使, par un grand chancelier, 大學士; la cérémonie a lieu dans la grande salle du Trône, 太和殿; les médiateurs, précédés des emblèmes impériaux et suivis des présents d'accordailles, portés dans des palanquins, se rendent, en passant par l'ouverture centrale des portes, au palais de l'impératrice où ils sont reçus par le père de celle-ci, agenouillé hors de la porte avec ses fils et frères; lecture est donnée, dans la grande salle de l'habitation, du décret par lequel l'impératrice douairière ordonne le mariage de l'empereur : le père de l'impératrice écoute, agenouillé; les cadeaux lui sont remis. Puis un banquet est offert, au nom de l'empereur, aux membres de la famille de l'impératrice. La confirmation des accordailles se passe de même : mais il n'y a pas de banquet. Les cadeaux faits pour le mariage de l'empereur Kwang-sin ont été un peu moins considérables que ceux qui avaient été faits lors du mariage de l'empereur T'ong-tché.

L'investiture et la réception, qui avaient eu lieu le même jour sous T'ong-tché, ont été complètement confondues pour le mariage de Kwang-sin; le cortège, après avoir porté le livre d'investiture et le sceau, est revenu ramenant l'impératrice, tandis que précédemment les médiateurs étaient d'abord allés procéder à l'investiture, étaient rentrés au palais et étaient retournés pour chercher la souveraine. Le sceau est en or, 寶; le livre d'investiture, 册, est formé de minces feuilles d'or : il est l'équivalent de l'acte de mariage, 婚書, remis d'ordinaire à la mariée pour servir de preuve. Au jour fixé, les orchestres du palais sont disposés dans les environs de la salle T'ai-ho, les emblèmes de l'empereur, les emblèmes de l'impératrice, les palanquins, chevaux, éléphants, sont rangés dans les cours; les aides de camp, 後扈大臣, les grands ayant charge à la cour, 內大臣, les gardes à queue de léopard, 豹尾班侍衛, les ministres des Rites, 禮部堂官, les grands chanceliers, 大學士, les chambellans, 鴻臚寺官, hérauts, 宣制官 et huissiers, 鳴贊官,

sont rassemblés. L'empereur, après avoir été saluer l'impératrice douairière au palais Ts'e-ning, 慈甯宮, va dans la salle du Trône et regarde le sceptre de délégation, le livre d'investiture et le sceau. Ces objets sont alors remis aux médiateurs qui se rendent chez l'impératrice avec tout le cortège impérial. Ils sont reçus de la même façon que le jour des accordailles et lecture est donnée de l'ordre impérial. Des princesses par alliance se sont rendues à l'avance auprès de la future impératrice; lorsque les vêtements de cérémonie 冠服 ont été apportés à la suite du cortège des médiateurs, l'impératrice s'en revêt : la coiffure et la robe sont ornées de perles, les boucles d'oreille sont à pendants en perles, un collier de perles se porte au cou, deux autres colliers en perles et corail se portent en sautoir, le foulard de cou est à ornements d'or et le mouchoir est en soie tout entouré de fils de soie tressés. L'impératrice, conduite par les maîtresses de cérémonies, 引禮女官, va s'agenouiller dans la grande salle des appartements intérieurs; elle écoute la lecture du livre d'investiture faite par un eunuque et reçoit le livre d'investiture et le sceau qui sont ensuite reportés aux médiateurs; ceux-ci sont restés dans la grande salle extérieure. Au moment indiqué par le Bureau d'Astrologie, 欽天監, l'impératrice monte dans une chaise jaune où ont été placés un caractère « dragon », 龍, écrit de la main de l'empereur et deux sceptres de congratulation en or, 金如意. La chaise, soutenue par des eunuques et portée par les préposés aux équipages impériaux, 鑾儀衞, se met en marche, précédée par les médiateurs, le sceptre de délégation, l'orchestre de marche, et par les emblèmes de l'impératrice et suivie des grands ayant charge à la cour et des gardes impériaux; des porteurs de lanternes et d'encensoirs accompagnent le cortège, qui se met en marche vers 11 heures du soir.

Arrivés à la porte Ta-ts'ing, 大清門, les médiateurs et autres hauts dignitaires descendent de cheval; les premiers vont rendre compte de leur mission, les autres se retirent; les palanquins vont jusqu'à la porte K'ien-ts'ing, 乾清門, et là les ministres des Rites prennent le livre d'investiture et le sceau et les portent dans la salle Kiao-t'ai, 交泰殿, disposée à cet effet. Dans le palais K'ien-ts'ing, 乾清宮, sous la galerie extérieure, l'impératrice descend de sa chaise et monte dans un palanquin surmonté d'un paon; elle parvient ainsi dans une des chambres du palais Kwen-ning, 坤甯宮, où elle attend l'empereur; elle porte alors un diadème en forme de phénix, une robe jaune clair brodée de dragons et une veste à huit écussons brodés de dragons; elle a la tête couverte d'un voile rouge et ornée de fleurs en bourre de soie. L'empereur, en arrivant, découvre le visage de sa fiancée; il s'assied sur le lit nuptial du côté gauche et elle du côté droit, lui faisant face. Alors a lieu le repas rituel, 合巹宴, servi par les princesses par alliance: après quoi des femmes de l'Intendance emportent la table. Le *Cérémonial de l'Intendance* donne beaucoup moins de détails sur les rites accomplis dans les appartements intérieurs de l'impératrice et sur son arrivée au palais, que n'en donnait le cérémonial rédigé sous T'ong-tché. A cette époque, l'impératrice s'était rendue à pied du palais K'ien-ts'ing jusqu'au palais Kwen-ning.

Les cérémonies dont j'ai à parler maintenant ont pour but d'annoncer le mariage impérial et de présenter l'impératrice à l'impératrice douairière et aux ancêtres impériaux.

La veille de l'investiture, des membres de la famille impériale sont chargés d'annoncer 祭告 le mariage au ciel, à la terre, aux ancêtres et aux dieux protecteurs, 社稷 : cette cérémonie se passe suivant les rites habituels.

Le lendemain du mariage, l'impératrice adresse ses prières au dieu du foyer, 竈君, dans le palais K'wen-ning. Après une légère collation, l'empereur et elle vont brûler des parfums et se prosterner dans la salle Cheou-hwang, 壽皇殿, où sont les portraits des ancêtres impériaux; un prince est délégué d'avance pour faire suspendre les portraits et ensuite les remettre en place suivant les rites voulus. L'empereur conduit ensuite l'impératrice dans les salles du palais où sont les tablettes des ancêtres les plus proches; ces rites accomplis, les souverains vont présenter des sceptres de congratulation à l'impératrice douairière qui leur en donne d'autres pour les féliciter. Ensuite l'impératrice, suivie des concubines impériales et des princesses, va se prosterner devant l'empereur et le féliciter; elle reçoit elle-même les félicitations des concubines et des princesses qui se prosternent devant elle. Enfin elle va brûler de l'encens devant l'image de Bouddha. Ces félicitations, ces visites aux portraits et aux tablettes des différents ancêtres sont fort détaillées dans le rituel : j'y ai constaté, depuis le règne de T'ong-tché, des changements d'affectation pour quelques-uns des palais.

Trois ou quatre jours après, a lieu la visite officielle, 朝見, de la jeune impératrice à l'impératrice douairière : les emblèmes de celle-ci et l'orchestre sont disposés près du palais Ts'e-ning; la jeune impératrice vient faire trois agenouillements et trois révérences devant l'impératrice douairière; celle-ci mange et boit, assise sur le trône; la table de la jeune souveraine est dressée dans un coin de la salle; elle finit de manger la première, va saluer l'impératrice douairière pour la remercier et ne se retire que quand cette dernière s'est déjà retirée.

Un ou deux jours après cette cérémonie, l'empereur donne le décret, 頒詔, pour faire part de son mariage à l'univers. Le décret est présenté à l'empereur dans une séance solennelle tenue dans la grande salle du Trône, 太和殿, puis remis par un grand chancelier aux ministres des Rites qui, accompagnés de tout le cortège impérial, mettent le faire-part dans un palanquin à dragons et le suivent jusqu'au pavillon supérieur de la porte T'ien-ngan, 天安門 : les fonctionnaires civils et militaires, les octogénaires et les Mantchous de rang subalterne, réunis au sud de la porte, s'agenouillent et écoutent la lecture du décret. Le décret est alors posé dans un plateau en forme de nuage, soutenu par des cordes de cinq couleurs qui sont passées dans le bec d'un phénix d'or : le plateau descend lentement et des employés du Ministère des Rites le remettent dans le palanquin à dragons. Le document est porté, suivi du même cortège, au Ministère des Rites qui est chargé de l'impression.

Le même jour, l'empereur, suivi de toute la cour, va féliciter, 慶賀, l'impératrice douairière dans le palais Ts'e-ning : l'empereur entre dans le palais, les nobles des six premiers rangs et les nobles mongols sont au pied de l'escalier de la porte Ts'e-ning; les hauts fonctionnaires, les gardes du corps, les nobles des six derniers rangs, les fonctionnaires au-dessous du second rang sont debout encore plus loin. Au signal donné par les huissiers, 鳴贊官, l'empereur et tous les assistants s'agenouillent et se prosternent. En sortant du palais Ts'e-ning, l'empereur va à la grande salle du Trône pour recevoir les hommages de tous les princes et fonctionnaires et entendre la lecture des adresses de félicitations, 表. Quand le lecteur, 宣表官, a fini de lire, l'adresse de l'empereur à l'impératrice douairière est immédiatement portée à la Grande Chancellerie, 內閣, avec les adresses des fonctionnaires à l'impératrice douairière. L'empereur donne alors le décret de faire-part dont j'ai parlé plus haut et, quand il s'est retiré, les adresses à lui présentées par tous les princes et mandarins civils et militaires sont portées à la Grande Chancellerie. Pendant ce temps la jeune impératrice, suivie des concubines des empereurs défunts, de celles de l'empereur régnant, des princesses par alliance, 福晉, des princesses impériales, 公主, et des femmes de hauts fonctionnaires, 大臣命婦, va au palais Ts'e-ning faire trois agenouillements et trois révérences devant l'impératrice douairière; elle va ensuite, avec les concubines, au palais K'ien-ts'ing, s'agenouille devant l'empereur et lui présente un sceptre de félicitation, comme elle en a présenté un à l'impératrice Ts'e-hi. Elle reçoit enfin dans son propre palais les hommages de toutes les concubines.

Enfin le lendemain a lieu le banquet, 賜宴, qui termine les cérémonies du mariage : les tables pour les princes, pour le père de l'impératrice, pour les chambellans et pour les explicateurs sont dans la salle T'ai-ho au pied du trône; sous les galeries extérieures sont les tables des censeurs, 御史, des hauts fonctionnaires de l'administration des frontières, 理藩院, et des simples nobles impériaux et gardes du corps; dans la cour sont dressées les tables des fonctionnaires de troisième classe et au-dessous et des envoyés tributaires; les membres de la famille de l'impératrice sont placés d'après leur classe. Le père de l'impératrice est conduit, avec ses fils et frères, devant le palais de l'impératrice douairière et y accomplit le rite des trois agenouillements et neuf prosternements. Tous les assistants se prosternent quand l'empereur est arrivé dans la salle et s'est assis; on s'agenouille et se prosterne quand l'empereur boit le thé et quand l'empereur boit le vin; on fait de même avant de boire le thé ou le vin que l'empereur fait servir. Après le banquet ont lieu trois séries de danses, 小司舞,大司舞,喜起舞, exécutées par de hauts fonctionnaires : la musique de ces danses est chantée. Il y a encore quelques autres divertissements; puis tout le monde se prosterne et l'empereur se retire. Au mariage de T'ong-tché, un banquet avait été donné par les impératrices régentes à la mère de l'impératrice et aux femmes de sa famille; au mariage de Kwang-sin, l'impératrice douairière s'est contentée d'envoyer aux dames de la famille de l'impératrice vingt tables de gâteaux, vingt moutons et vingt jarres de vin.

A l'occasion du mariage de Kwang-siu, un décret a accordé des présents aux ministres étrangers; un banquet leur a été offert au Tsong-li-yamen. Des faveurs spéciales ont été données aux princes et hauts fonctionnaires : élévation de titres ou de pensions pour les nobles impériaux (le fils du prince de Kong a reçu le rang de grand prince de deuxième classe, 郡王銜); autorisation pour les fils de quelques-uns d'étudier dans les bibliothèques du palais; don de gardes supplémentaires pour le prince de Kong; pour d'autres, don de grades de fonctionnaire; élévation de rang, fonctions au palais, permission de porter la veste de cheval jaune, de se servir de rênes pourpre pour les nobles mongols; titres et fonctions plus élevés pour les hauts dignitaires. Enfin de l'avancement a été donné aux fonctionnaires subalternes des différentes administrations qui ont eu à s'occuper du mariage impérial.

Quant aux deux princesses épouses, 嬪, si leur union avec l'empereur n'est pas solennisée de la même façon que celle de l'impératrice, elle n'est pas dépourvue de tout cérémonial, puisque quatre médiateurs, 正副使, ont été désignés, dans la *Gazette impériale*, pour la cérémonie de l'investiture, 册封; leur livre d'investiture est en argent. L'entrée de leur trousseau au palais a eu lieu, le 24 de la 1re lune (23 février), de 5 à 7 heures du matin, sous la surveillance d'un directeur de l'intendance; elles-mêmes ont été amenées au palais le 25 (24 février) vers 4 heures du matin.

Les deux princesses épouses et les quinze dames du palais ont pour mission de servir l'empereur et la jeune impératrice et de suppléer celle-ci auprès de l'empereur. Les dames du palais recevraient, me dit-on, comme les princesses épouses, des livres d'investiture en argent; le nombre de quinze, qui serait conforme aux rites, serait d'ailleurs plus d'une fois dépassé : Hien-fong avait trente-cinq concubines; depuis 1858, il existait deux impératrices qui lui ont toutes deux survécu.

Si, à l'époque de son avènement, l'empereur est déjà marié, sa femme de premier rang devient impératrice, et il désigne à sa volonté les princesses épouses et les dames du palais parmi les concubines qu'il a déjà; si l'empereur est veuf lors de son avènement, sa femme reçoit le titre et les honneurs posthumes d'une impératrice : la femme de premier rang de Hien-fong, morte avant son avènement, est honorée sous le nom de Hiao-te-hien-hwang-heou, 孝德顯皇后; en 1852 (2e année Hien-fong), cet empereur éleva une de ses concubines au rang d'impératrice : c'est celle qui plus tard fut connue sous le nom d'impératrice de l'Est; en 1855 ou 1856, une concubine, devenue dame du palais, fut choisie comme princesse épouse parce qu'elle avait donné un fils à l'empereur; elle devint impératrice de l'Ouest en 1858; c'est elle qui est l'impératrice douairière actuelle. En montant sur le trône, l'empereur peut se contenter des femmes qu'il a déjà, ou en choisir d'autres, suivant les règles que j'ai indiquées, afin de compléter les nombres consacrés.

Lorsque, pour la première fois après le mariage, l'impératrice arrive à la période de menstruation, elle en avertit l'impératrice douairière et toutes deux délibèrent et décident laquelle des princesses épouses sera appelée à se tenir, le soir suivant, à la disposition de l'empereur. Un eunuque va avertir celle qui est désignée et lui porte, en témoignage de sa mission, le livre d'investiture et le sceau de l'impératrice. Celle qui est ainsi favorisée met ses vêtements de cérémonie, se prosterne et, prenant elle-même le livre d'investiture et le sceau, se rend au palais de l'impératrice : elle la remercie de son bienfait et, s'excusant pour cause d'indignité, la prie de transférer cet honneur à l'autre princesse épouse. L'impératrice ne donne pas son autorisation; elle conduit la princesse chez l'impératrice douairière; l'impératrice reste debout, la princesse s'agenouille, l'impératrice douairière, assise, lui dit : « Sois attentive et respectueuse, pleine de douceur, soumise aux convenances; n'aie ni orgueil ni jalousie, conforme-toi aux rites : c'est pour cela que tu es élevée à cette place. » 小心謹愼柔婉從容勿驕勿妬克順以禮懋加爾職. La princesse se relève et présente le thé à l'impératrice douairière; elle présente une tasse plus petite à l'impératrice qui s'assied alors, après que l'impératrice douairière le lui a ordonné. L'impératrice douairière demande à la princesse épouse si elle sait le mantchou, s'informe de ses connaissances en littérature chinoise, puis la congédie.

Désormais la princesse qui a été choisie demeure dans un palais désigné par l'impératrice douairière et, suivant la situation de ce palais, elle est appelée, dans le langage usuel, princesse du palais oriental ou princesse du palais occidental, 東宮,西宮. Elle a six ou huit femmes à son service, au lieu de quatre; les objets à son usage sont en or uni et sa table, ainsi que sa literie, sont entretenues d'une manière plus somptueuse. Quand elle doit recevoir l'empereur, on allume le soir à sa porte des lanternes ornées de phénix.

Le jour où l'une des princesses épouses est pour la première fois désignée, l'empereur, après sa visite du soir à l'impératrice mère, se rend chez l'impératrice, mais il ne la voit pas : pendant la période de menstruation, un rideau reste toujours baissé entre eux. L'impératrice avertit l'empereur de son état; et l'empereur, à son gré, passe la nuit seul, ou se rend chez la princesse désignée. Dans ce dernier cas, des eunuques vont l'avertir, portant chez elle les objets à l'usage de l'empereur et préparent le vin, le tabac et la collation. Quand l'approche du souverain est annoncée, la princesse, en vêtements de cérémonie, va s'agenouiller sous la galerie extérieure pour attendre l'empereur : elle le remercie de son bienfait et lui présente une tablette portant inscrits son âge, le nom de son père et celui de sa mère. L'empereur entre et, après s'être assis, ordonne de faire entrer la princesse épouse : celle-ci se prosterne et reste agenouillée sur un coussin; l'empereur peut la faire relever, causer avec elle et lui faire partager sa collation.

Vers 10 heures du soir, l'impératrice mère envoie une de ses servantes : l'empereur ordonne qu'on la fasse entrer; elle se prosterne devant lui, va saluer la princesse qui lui dit : « Je me prosterne avec respect devant S. M. l'impératrice douairière », puis, agenouillée devant l'empereur, lui rappelle que l'heure du coucher est arrivée; elle retourne ensuite au palais de l'impératrice mère. Alors la princesse ôte ses vêtements de cérémonie et aide l'empereur à se dévêtir.

Le lever se passe avec les cérémonies ordinaires : les vêtements sont présentés à l'empereur par la princesse épouse et les dames du palais agenouillées. La princesse se prosterne devant l'empereur et le remercie de son bienfait; elle doit envoyer à l'impératrice douairière un linge taché de sang, 喜布, comme preuve de sa virginité. Puis elle va, en vêtements de cérémonie, remercier l'impératrice douairière et l'impératrice. Le père de la princesse épouse, averti de l'honneur fait à sa fille, doit présenter un placet pour remercier du bienfait impérial.

Quand l'empereur revient par la suite chez la princesse, les règles observées sont à peu près les mêmes. Si, pour une raison quelconque, menstruation, grossesse, maladie, l'impératrice et les deux princesses épouses sont empêchées de recevoir l'empereur, elles délibèrent avec l'impératrice mère et décident chez quelle dame du palais l'empereur se rendra pour la nuit; la dame qui est choisie, remercie l'impératrice mère, l'impératrice et les deux princesses; mais elle ne doit aucun remerciement aux autres dames du palais, même à celles qui ont le pas sur elle. Sa famille n'est pas avertie de l'honneur qu'elle a reçu.

Telles sont, me dit-on, les règles conformes aux rites et que l'influence de l'impératrice Ts'e-hi fait observer actuellement. Il n'en est pas toujours ainsi : « Dans une salle du K'ien-ts'ing-kong, 乾清宮, se trouve une collection d'autant de fiches de jade qu'il y a de femmes au palais; leur nom y est gravé et, lorsqu'une de ces fiches a été retournée par le souverain, l'eunuque de service va suspendre le soir une lanterne à la porte des appartements de la femme ainsi choisie. Celle-ci, comprenant ce signal, attend qu'un eunuque vienne l'emporter sur son dos, enveloppée seulement d'un grand manteau rouge sans manches[1]. » Ce fait a été rapporté par des lettrés.

1. Cf. *Un mariage impérial chinois*, p. 22, note.

Un eunuque est spécialement chargé de tenir note du nom de la femme avec qui l'empereur passe chaque nuit : ce registre sert de preuve en cas de grossesse.

Il y a un choix de dames du palais au commencement du règne; quelques-unes sont désignées en surplus, afin de combler les vides qui peuvent se produire; d'ailleurs, comme je l'ai dit plus haut, il arrive que des empereurs dépassent de beaucoup les nombres consacrés. Quelques empereurs ont choisi des dames du palais parmi les servantes du palais : le fait s'est passé sous K'ang-hi; K'ien-long a eu une femme musulmane, ce qui est non moins contraire aux rites. En tous cas, il n'y a pas dans la durée d'un règne un second choix solennel comme celui que j'ai décrit. Une dame du palais peut, par la faveur impériale, passer du second rang au premier, et même devenir princesse épouse et impératrice : j'ai cité plus haut un fait de ce genre. Quand une dame du palais ou une princesse épouse donne un enfant à l'empereur, son titre s'augmente du caractère « kwei », 貴 (noble); l'empereur peut même ajouter le caractère « kwang », 皇 (impérial); enfin, par une faveur toute spéciale, l'empereur donne un nom honorifique d'un ou de deux caractères. D'ailleurs ces distinctions peuvent être posthumes : c'est ainsi que la mère du prince de Chwen, grand'mère de l'empereur actuel, a reçu le titre posthume de Tchwang-tch'eng-kwang-kwei-fei, 莊誠皇貴妃.

L'impératrice n'a de nom, 徽號, que dix ans après son mariage, à moins qu'elle ait auparavant donné naissance à un prince. Ensuite de nouveaux noms honorifiques lui sont donnés, deux caractères par deux caractères, dans des occasions solennelles, régence, remise du pouvoir, mariage. C'est ainsi que le nom de l'impératrice douairière se compose de quatorze caractères, 慈禧端佑康頤昭豫莊誠壽恭欽獻.

A la mort d'un empereur, les titres de l'impératrice et des princesses épouses s'augmentent du caractère « t'ai » 太 (grand); toutes, ainsi que les dames du palais choisies par l'empereur défunt, demeurent dans le palais et sont attachées au service des impératrices douairières; elles sont chargées d'enseigner les rites aux jeunes filles choisies pour devenir dames du palais ou femmes des princes impériaux. Jamais elles ne peuvent devenir épouses ou concubines du nouvel empereur. Quelques-unes vivent jusqu'à un âge fort avancé : en 1888, l'une d'elles est morte, qui était au palais depuis le règne de K'ien-long (1736-1796).

Les épouses et dames du palais vivent cloîtrées, ne sortent que pour suivre l'empereur quand il voyage; seuls leurs père et mère peuvent venir les voir les 2 et 16 de chaque mois. Elles sont entretenues par la cassette impériale, 廣儲司 : les simples dames du palais ont comme « argent pour le fard » 脂粉銀 1,000 taëls par mois au maximum; les princesses épouses ont 10,000 taëls, plus 1,000 taëls par caractère de leurs noms honorifiques; l'impératrice a 60,000 taëls; l'impératrice douairière touche 10,000 taëls pour chaque caractère de ses noms honorifiques, ce qui fait 140,000 taëls.

Mariage des princes.

Le mariage des fils d'empereur donne lieu à un choix solennel, semblable à celui que j'ai décrit plus haut. C'est l'impératrice régnante qui fait ce choix par trois éliminations successives; elle donne à chaque jeune fille un nom et, après qu'elles ont séjourné dans le palais pendant deux ou trois mois, elle désigne celles qui épouseront les fils de l'empereur et celles qui seront données à d'autres princes, 指婚; avis en est donné aux familles par l'intermédiaire des lieutenants généraux des Bannières ou des autorités provinciales; les parents doivent remercier du bienfait impérial. Le choix d'une femme pour un prince impérial ne donne pas lieu à un décret, à la différence du choix de l'impératrice et des princesses épouses qui est officiellement annoncé. La dot de la femme est fournie par la cassette impériale. Si, au bout de trois ans, le prince n'a pas d'enfants, il peut acheter des concubines; mais il doit arriver souvent qu'il en achète auparavant. S'il devient veuf, il peut adresser un rapport à l'empereur qui lui choisit une autre femme.

Les cérémonies du mariage sont réglées par un Conseil des Cérémonies, 演禮儀處, analogue à celui qui existe pour le mariage impérial. Ces cérémonies ne diffèrent pas de celles qui ont lieu pour tout mariage mantchou et qui se retrouvent dans le mariage impérial. Le jour des accordailles, 聘定, celui de la confirmation des accordailles, 通信, celui du mariage sont fixés d'après les règles de l'astrologie; on détermine de même pour chaque jour le côté favorable, 吉方. Les fiancés et tous les assistants sont en costume de cour; seulement pendant le commencement de la cérémonie, la fiancée a la tête couverte d'un voile rouge orné de glands tout autour; elle ne doit pas être fardée ce jour-là. On va la chercher chez ses parents dans une chaise rouge : à son arrivée, le fiancé lance trois flèches à terre au pied de la chaise; la fiancée met pied à terre, entre dans une des salles de devant de l'habitation et se prosterne devant les tablettes du ciel et de la terre qui ont été placées du côté favorable. Pour passer dans la chambre nuptiale, la fiancée doit enjamber une selle placée sur des pommes, en travers du seuil : la selle et les pommes sont un symbole de tranquillité par suite d'un jeu de mots chinois. Le fiancé retire le voile rouge de sa future femme et prend quelques fleurs de sa coiffure pour les piquer dans le mur de la chambre. On leur présente ensuite des gâteaux de viande, 吃子孫餑餑, dans l'un desquels est cachée une petite boule de farine : les deux fiancés prennent chacun un de ces gâteaux, au hasard, et, suivant que l'un ou l'autre trouve la boulette de farine, c'est un signe de postérité masculine ou féminine; puis le fiancé mange de la viande de mouton et une sorte de macaroni en signe de longévité, 長壽麵; il en donne à sa fiancée; ils boivent du vin dans deux coupes attachées ensemble, 合巹. La mariée change alors sa coiffure de jeune fille, 開臉 : ses cheveux étaient partagés au milieu du front et allaient tout droit vers les oreilles, couvrant ainsi une partie du front, 抿頂; désormais les cheveux, au-dessus du front, se dirigent à peu près horizontalement, puis descendent verticalement vers les oreilles, laissant tout le front découvert. Après ces cérémonies, les assistants se retirent. Le lendemain, la nouvelle épouse remet à sa belle-mère un linge taché de sang, 獻喜, comme preuve de sa virginité. Le mari offre à sa femme une bouteille pleine de grains de riz, 抱寶瓶; elle va ensuite mettre du bois dans le fourneau de la cuisine et adresser des prières au dieu du foyer, 抱劈柴, 祀竈. Enfin le mari présente à sa femme tous ses plus proches parents, 分大小, et offre un repas aux parents de sa femme.

Toutes ces cérémonies ont lieu au mariage des princes fils d'empereur, des princes, ducs et nobles impériaux : au mariage des princes, l'empereur se fait représenter par un noble et de hauts dignitaires. L'acte de l'état civil est dressé dans les bureaux du conseil de la maison impériale; pour les princes impériaux, une déclaration est faite par le Conseil des Cérémonies, 演禮儀處, d'une part au conseil de la maison impériale, et d'autre part à l'administration de la bannière à laquelle appartient la mariée. Un livre d'investiture en argent est remis aux femmes des princes : pour le mariage des princes impériaux, les présents des accordailles, le trousseau, le livre d'investiture et tous les autres accessoires sont de la compétence du Conseil des Cérémonies.

Les grands princes du premier et du second rang, 親王, 郡王, ont le droit d'avoir une femme de premier rang, 福晉, et quatre autres femmes, 側福晉, recevant aussi un livre d'investiture; les princes du premier et du second rang, 貝勒, 貝子, en peuvent avoir, en moins grand nombre; les ducs et nobles n'ont qu'une femme légitime.

Naissance des enfants.

Les cérémonies à l'occasion de la naissance ont peu de solennité : le fond en est le même chez tous les Chinois, chez les princes et même dans la famille impériale. Le troisième jour après la naissance a lieu le bain, 洗三: les femmes de la famille se réunissent; dans un bassin plein d'eau, chacune met des sapèques, des œufs rouges, des fruits, 喜果, de petits sceptres de félicitation, 如意; la sage-femme qui a présidé à l'accouchement se sert de l'eau de ce vase pour laver l'enfant, et les objets qui sont au fond, lui restent comme bénéfice. Ce jour-là, des cadeaux sont faits à la mère et à l'enfant.

Si, au bout d'un mois, la mère et l'enfant se portent bien, on procède aux relevailles, 滿月; si quelque maladie est survenue, on attend davantage; un repas est offert aux amis et à la famille qui apportent des cadeaux; la mère sort de sa chambre pour la première fois. Le postnom est donné à l'enfant par le chef de la famille, père, grand-père paternel, frère aîné du père; le père annonce la naissance à ses père et mère en se prosternant devant eux. Pour les membres de la maison impériale, une déclaration est faite au conseil, 宗人府, dans les trois jours.

Si un prince naît dans la famille même de l'empereur, un rapport est adressé et l'empereur, comme chef de famille, donne un postnom, qui est souvent choisi par l'Académie impériale, 翰林院. Enfin à l'occasion de la naissance d'un fils d'empereur, un décret solennel, 頒詔, annonce le fait à tout l'empire; des prières, 祭告, sont dites pour l'annoncer au ciel, à la terre et aux ancêtres; l'empereur reçoit les félicitations, 慶賀, de sa cour et gracie des criminels. Le postnom, choisi avec le plus grand soin, est annoncé au ciel, à la terre, aux ancêtres et à l'empire.

Mort et funérailles des princes. Testaments.

La mort d'un prince est déclarée au conseil de la maison impériale, comme celle de tout tsong-ché, 宗室; elle est annoncée à l'empereur par un rapport, 遺摺, présenté par le fils ou quelque proche parent du mort, mais toujours censé écrit et présenté par le mort lui-même. Un décret désigne un noble, de rang inférieur au mort, pour aller, à la tête de dix gardes impériaux, faire des prières et rendre des honneurs au mort, 尊醊 ; l'empereur lui envoie un linceul brodé de caractères tibétains, 陀羅經被, et lui remet toutes les peines qu'il a pu mériter dans l'exercice de ses diverses fonctions ; 1,000 taëls sont donnés pour ses funérailles ; parfois même, elles sont entièrement aux frais de la cassette impériale et conduites par un haut fonctionnaire spécialement désigné : dans ce cas, on brûle de l'encens et on dit des prières à chaque pont où passe le cortège.

Ces honneurs sont accordés aussi pour la plupart à nombre de hauts fonctionnaires. L'ensemble des funérailles ne diffère pas pour un prince de ce qu'il est pour tout homme sortant du commun : des prières sont dites la nuit pour éloigner les esprits malfaisants, 燄口 ; d'autres prières sont lues le jour par des prêtres taoïstes et par des prêtres et religieuses bouddhistes, 念經, 轉咒 ; le troisième jour après la mort, quand le corps a été mis en bière, tous les parents et amis viennent le saluer, 接三 ; un autre jour, ils se réunissent de nouveau et chacun à son tour, les plus proches parents les premiers, se prosterne devant le cercueil, en tenant un flambeau allumé, qu'il passe ensuite à celui qui vient après, 傳燈 ; un autre jour, les parents et amis apportent des objets en papier, lingots d'argent, ustensiles, nourriture, animaux, que l'on brûle et qui doivent servir au mort dans l'autre vie, 送聖. La nuit qui précède le convoi, les parents veillent auprès du cercueil, 伴宿 ; on garde le cercueil pendant un nombre impair de jours. Le convoi comprend des bonzes, des prêtres taoïstes, des musiciens jouant du tambour, du gong ou de la trompette, des pleureurs, des porteurs d'enseignes et d'ombrelles brodées ; on porte aussi des animaux, cerfs et grues, et des pavillons faits en branches de pin ; on jette en l'air des sapèques en papier et l'on brûle des maisons en papier pour fournir une habitation au mort. Les proches, frères, fils, petits-fils, suivent à pied ; les fils sont vêtus de blancs, les petits-fils sont en blanc avec une marque rouge sur l'épaule, pour le convoi d'un grand-père paternel, et une marque bleue pour le convoi d'un grand-père maternel ; les parents moins proches et les amis sont vêtus de couleurs sombres, ils montent généralement en voiture à la sortie de la ville.

Le catafalque des princes et des mandarins du premier rang est couvert d'un drap rouge à dragons brodés; les porteurs sont vêtus de vert, ce qui est une coutume purement mantchoue. Pour les princes, ils sont au nombre de quatre-vingts; le convoi des princes est suivi des tablettes honorifiques et des présents envoyés par l'empereur, et aussi de leurs faucons, chiens, chevaux et chameaux; des gens armés de fouets sont chargés de maintenir l'ordre et d'autres doivent veiller à ce qu'il ne se produise pas d'incendie.

Chaque famille princière, comme toute famille chinoise, a son lieu de sépulture : quand le convoi y est arrivé, on descend le cercueil en terre, les bonzes lisent des prières, tous les assistants font des prosternements; il n'y a que les proches parents qui jettent un peu de terre dans la fosse.

Le deuil pour la mort des princes et le deuil qu'ils portent eux-mêmes, suit les règles ordinaires : d'abord vêtements blancs, puis vêtements de couleur sombre; durée de vingt-sept mois, dont cent jours de très grand deuil, pour la mort des père et mère; durée de douze, huit, cinq et trois mois pour les parents moins proches; pour les parents maternels et pour la femme, le grand deuil est observé tant que le cercueil est dans la maison. Pendant la durée du grand deuil, on doit s'abstenir de toute affaire et de toute distraction; et, en réalité, les fonctionnaires quittent leurs fonctions pour cause de deuil. L'empereur ne prend le deuil que pour la mort de ses parents et aïeuls : il le porte en blanc, puis en couleurs sombres; il ne prend pas le deuil pour un collatéral, si rapproché qu'il soit, à moins que ce collatéral soit son frère et son prédécesseur : dans les autres cas, il se borne à aller en personne faire des prières auprès du cercueil.

Le testament des princes est double : l'un des deux, **遺摺**, est présenté à l'empereur au nom du mort, qui proteste de son dévouement et prend, en quelque sorte, congé du souverain. Si le mort n'a pu rédiger ce testament, un proche parent l'écrit et le présente. Le second testament, **遺言, 遺書**, renferme les dernières volontés, il n'est soumis à aucune forme légale; il arrive souvent que les dernières volontés soient orales; les fils ou les proches parents en sont les exécuteurs : ce testament règle le partage des biens et renferme parfois des clauses imposant aux fils et petits-fils certaines obligations, par exemple ne pas boire de vin, ne pas fumer d'opium, sous peine d'être déshérités. D'ailleurs, si, le testament fait, le malade revient à la santé, le testament est nul de droit. Les biens se partagent également entre tous les enfants, des deux sexes, qu'ils soient fils ou filles de femmes légitimes ou de concubines; les fils de femmes légitimes continuent souvent de vivre ensemble sous l'autorité de l'aîné; les fils des concubines s'établissent souvent à part. Au reste, le partage n'est nullement obligatoire et l'indivision est fréquente.

Funérailles impériales.

A la mort d'un empereur, son successeur est tout désigné pour présider aux cérémonies funéraires, 主喪 : il enlève les franges rouges du chapeau officiel et se rend à la place réservée à celui qui conduit le deuil, c'est-à-dire à l'est du corps, le visage tourné vers l'ouest, et fait entendre les gémissements commandés par les rites. Le cercueil est placé dans une des grandes salles du palais intérieur, une table est posée en avant; les insignes impériaux et de petits drapeaux rouges à dessins sont rangés dans la cour, devant la salle. Des princes, ducs et hauts dignitaires, désignés pour former le conseil des funérailles, 喪儀處, surveillent la mise en bière; on accomplit alors le rite des libations. Tous les princes, ducs et nobles de la maison impériale ou d'origine mongole ou chinoise, tous les fonctionnaires, l'impératrice avec les dames du palais, les princesses impériales et les princesses par alliance, les femmes des hauts fonctionnaires, vont dans le palais, à des places marquées suivant les rangs et font les libations et les gémissements; tous les hommes doivent avoir enlevé les franges rouges du chapeau, toutes les femmes ont ôté leurs boucles d'oreilles et leurs ornements de tête.

Alors on prend le deuil : auparavant chacun se fait raser la tête et faire la natte, ce n'est qu'à l'expiration du grand deuil que l'on peut de nouveau songer à ces soins de toilette. L'empereur habite, pendant cette première période, dans une construction en nattes élevée dans une cour du palais; les fils de l'empereur, les membres rapprochés de la famille impériale, les membres du conseil des funérailles se retirent dans des salles spéciales de leurs demeures et se purifient par une sorte de jeûne et en s'abstenant de tous rapports avec leurs femmes; les vêtements de grand deuil sont en étoffe blanche unie. Les impératrices, les dames du palais, les princesses se coupent les cheveux et s'habillent de blanc. Pendant le grand deuil, le sceau est mis en bleu sur les décrets et toutes les pièces officielles. L'Encyclopédie administrative prescrit cent jours de grand deuil et cette durée est en général observée, bien que les testaments impériaux ordonnent souvent de quitter le grand deuil au bout de vingt-sept jours. Pour le demi-deuil, qui dure jusqu'à la fin du vingt-septième mois après la mort, la couleur rouge et les broderies sont interdites. On reprend le grand deuil pour approcher du cercueil.

Les fonctionnaires qui n'ont pas à s'occuper des funérailles portent le deuil vingt-sept jours; ils se contentent d'enlever la frange et le globule du chapeau; pendant ce temps ils mettent le sceau en bleu; au bout de cent jours, ils peuvent se raser la tête; mais, pendant un an, les mariages solennels leur sont interdits et, pendant vingt-sept mois, il ne leur est pas permis de jouer ni d'entendre de la musique. Les fonctionnaires provinciaux peuvent célébrer des mariages solennels après cent jours et entendre de la musique au bout d'un an. Pendant les trois jours qui suivent la nouvelle de la mort de l'empereur, les fonctionnaires de chaque ville se réunissent matin et soir pour les gémissements. Le peuple, à Péking et dans les provinces, pendant vingt-sept jours, ne peut ni se raser la tête, ni porter de couleur rouge ou de broderies, ni célébrer des mariages solennels; pendant cent jours, on ne peut faire de musique. Les princes mongols et les envoyés coréens, qui se trouvent à Péking au moment du deuil, suivent les règles prescrites pour les princes et fonctionnaires de même rang.

Pendant la durée du grand deuil, trois fois par jour, les princes et dignitaires se réunissent près du cercueil; le matin et le soir, on dispose les insignes impériaux. Au temps marqué par le Bureau d'Astrologie, l'empereur vient à l'est du cercueil et fait les gémissements rituels; les membres du conseil des funérailles amènent ensuite les écuyers tranchants et échansons qui apportent des mets; l'empereur lui-même s'incline et pose ces mets sur la table; après s'être agenouillé, il verse trois coupes de vin dans le vase à libations; les assistants accomplissent les mêmes rites, on emporte les mets et l'empereur se retire.

A un jour fixé, les princes et princesses, les dignitaires et leurs femmes se réunissent et se rangent aux places habituelles pour un sacrifice solennel, 殷奠. Des mets sont préparés à droite et à gauche du trône où est posé le cercueil; neuf moutons sont au dehors, sous une tente de couleur jaune. L'empereur vient devant la table, regarde les mets et donne le signal des gémissements; une prière, apportée par les présidents du Ministère des Rites, est lue devant la table; l'empereur et les assistants font trois libations. Puis la prière, les mets, des vêtements de l'empereur défunt, des lingots en papier représentant 90,000 taëls sont portés à un foyer : les ministres des Rites marchent en tête avec les fonctionnaires qui portent tous ces objets, l'empereur suit; des gardes et des grands ayant charge à la cour accompagnent; l'empereur fait les gémissements et les libations, puis se retire, les objets sont ensuite brûlés.

Avant que le cercueil soit transporté à la salle funéraire, 殯宮, qui est la salle Kwan-te, située au King-chan, 觀德殿, on fait le même sacrifice. La translation a lieu vers le vingt-septième jour. Avant le départ, l'empereur va faire les gémissements et les libations devant le cercueil : le cercueil une fois posé sur un brancard, le conseil des funérailles fait encore des prières avant qu'on se mette en route; à chaque porte et à chaque pont où l'on passe, on fait trois libations et l'on brûle des lingots; l'empereur et les princes et ducs accompagnent à pied. Les impératrices et les dames du palais se rendent d'avance à la salle funéraire. A l'arrivée, le cercueil est posé sur un trône, une table est mise en avant, des libations sont faites, on gémit, on brûle des lingots. Pendant vingt-sept jours à partir de la translation, l'empereur demeure dans une salle latérale, puis il retourne, jusqu'au centième jour après la mort, dans la salle en nattes où il habitait précédemment. Chaque jour des prières sont faites suivant le même rituel usité lorsque le cercueil était dans le palais. Il arrive fréquemment qu'à partir de ce moment, l'empereur quitte le grand deuil et délègue chaque jour des princes pour faire les sacrifices à sa place; tous les cinquièmes, septièmes et neuvièmes jours, l'empereur fait les sacrifices lui-même et reprend les vêtements blancs pour ces occasions.

Le Bureau d'Astrologie fixe un jour pour le premier sacrifice,

初祭: les insignes impériaux sont disposés devant la salle Kwan-te; l'empereur offre lui-même le sacrifice, quatre-vingt-une espèces de mets, vingt-sept moutons, onze grandes coupes de vin; on brûle un drapeau rouge en papier, 450,000 taëls en lingots de papier et une prière lue au préalable; le grand sacrifice, 大祭, est semblable. Le lendemain du premier sacrifice et du grand sacrifice, l'empereur délègue un prince pour accomplir des rites accessoires, 繹祭, où l'on présente onze sortes de mets, cinq moutons, cinq coupes de vin et 30,000 taëls en lingots. A la fin du premier mois et le centième jour, on fait des sacrifices analogues.

A la même époque, les princes et hauts dignitaires, sur l'ordre de l'empereur, proposent les noms honorifiques, 謚號, et le nom de temple, 廟號: après l'approbation impériale, ces noms sont gravés et écrits sur des registres et sceaux en jade, en tablettes d'encens et en taffetas. Des prières sont dites aux autels du ciel, de la terre, des dieux protecteurs, 社稷壇, ainsi qu'au temple des ancêtres impériaux, 太廟, et à la salle Fong-sien, 奉先殿. Au jour fixé par les astrologues, l'empereur va dans une des salles du trône voir les registres et sceaux disposés sur des tables; l'empereur s'agenouille devant ces registres et sceaux, après quoi les grands chanceliers les déposent dans des palanquins jaunes; un parasol jaune ouvre la marche, puis viennent les palanquins; les princes et ducs suivent; le cortège se rend à la salle du catafalque. Pendant ce temps, l'empereur met des vêtements blancs et va par un autre chemin à la salle Kwan-te; tous les nobles et les fonctionnaires du quatrième rang et au-dessus sont assemblés au dehors. Les registres et sceaux entrent par la porte centrale et sont placés sur des tables devant le cercueil; l'empereur entre par la porte de gauche, s'agenouille trois fois, fait neuf inclinations, puis présente respectueusement les registres et les sceaux au cercueil; lecture est ensuite donnée du texte inscrit sur les registres et les sceaux. Après une triple libation, on brûle des lingots d'argent, les registres et sceaux en encens et en taffetas. Quand ces objets sont à demi brûlés, l'empereur se retire et rend un décret solennel pour annoncer les noms donnés à son prédécesseur.

Le convoi part de Péking environ cent jours après le décès et se rend au tombeau préparé longtemps à l'avance. Si le tombeau n'est pas prêt, comme cela a eu lieu pour l'empereur T'ong-tché, le convoi part néanmoins et le cercueil est déposé dans une salle proche de l'emplacement choisi, en attendant l'inhumation. Avant le départ, avertissement en est donné au ciel, à la terre, aux ancêtres et aux dieux protecteurs. La veille du départ, l'empereur et les princes font les libations d'adieu, 祖奠, 啟奠 : on offre trente et une sortes de mets, neuf moutons, quinze grandes coupes de vin, 150,000 taëls en lingots; puis on brûle les chaises impériales et tous les insignes pour les sorties en chaise. Le jour du départ, les princes et princesses, les dignitaires et leurs femmes sont rassemblés, chacun à son rang; l'empereur puis tous les fonctionnaires font trois libations devant le cercueil; l'empereur se place ensuite à l'est de la grande porte de la salle, s'agenouille quand le cercueil passe et le suit à pied jusqu'au grand catafalque dressé sur des tréteaux. Devant le catafalque, un président des Rites fait trois libations, s'agenouille trois fois, se prosterne neuf fois; on brûle des lingots, puis les quatre-vingts porteurs, vêtus de soie rouge, se mettent en marche, précédés des insignes impériaux et des palanquins contenant les titres. Toutes les boutiques sont fermées dans les rues que traverse le cortège, les enseignes ont été enlevées; les membres éloignés de la maison impériale, agenouillés des deux côtés de la rue, attendent le passage du cercueil et se joignent au convoi, s'ils le veulent. L'empereur, vêtu de blanc, suit à pied jusqu'à la porte de la ville ; puis il monte en chaise et se rend par une autre route au lieu marqué pour l'étape; de même, en quittant chaque station, l'empereur suit quelque temps à pied, puis prend un autre chemin pour être prêt à recevoir le cercueil quand il arrive à la salle en nattes dressée spécialement devant la pagode où l'on s'arrête. L'impératrice douairière vient aux stations par une autre route que le convoi. Les routes, ponts et lieux d'arrêt sont préparés à l'avance par les soins des maréchaux des guides, 嚮導大臣. Tant que dure le voyage, les gémissements, libations et offrandes ont lieu le matin avant le départ, à la halte du jour et le soir à l'arrivée. Les mandarins qui résident à moins de 100 li de la route, doivent se trouver à genoux sur le passage du convoi, se prosterner neuf fois et assister, à la place marquée, aux sacrifices que l'on fait aux haltes. Des libations sont faites à chaque porte et à chaque pont.

Les fonctionnaires des tombeaux viennent recevoir le cortège jusqu'à 10 li en dehors de l'enceinte réservée; les insignes impériaux sont rangés à droite et à gauche de la route depuis la grande porte qui marque l'entrée de l'enceinte jusqu'à la porte de la sépulture[1]. Quand le cercueil a été déposé dans la grande salle, l'empereur, les princes et les dignitaires font les gémissements et les libations. Le même jour, des fonctionnaires sont chargés d'annoncer l'arrivée de l'empereur défunt aux empereurs enterrés dans les différents tombeaux, à l'esprit protecteur de la vallée funéraire et à l'esprit de la montagne où est établie la nouvelle sépulture. Le lendemain de l'arrivée, l'empereur, les fonctionnaires du cortège et ceux des tombeaux se réunissent pour le sacrifice : on offre vingt-cinq sortes de mets, sept moutons, quinze coupes de vin et 90,000 taëls.

Avant l'inhumation, on fait le sacrifice de translation, 遷奠, semblable aux libations d'adieu. Au moment fixé par les astrologues, le cercueil est transporté dans une salle en nattes devant le tumulus et posé sur une sorte de chariot; l'empereur et les fonctionnaires font les libations et brûlent des lingots. Le jour de l'inhumation arrivé, on fait glisser le chariot dans le couloir incliné construit en pierres, qui conduit à la salle hypogée : le cercueil est mis sur une table de pierre, 龍床, au milieu de la salle autour de laquelle sont rangées des statues de pierre; sur les tables disposées devant la couche à dragons, on brûle de l'encens; puis les portes pleines, en pierre, qui sont aux deux extrémités du couloir, sont fermées de telle sorte qu'on ne puisse les franchir sans les briser. Devant la porte fermée, l'empereur fait la triple libation et les gémissements.

Reprenant alors les vêtements de cour, il se rend avec toute la cour dans la grande salle de la sépulture. Un trône est dans cette salle, et devant le trône une table, sur laquelle est posée la boîte qui contient la tablette funéraire : un haut dignitaire place la

1. Un tombeau impérial se compose essentiellement d'une salle renfermant un trône et d'un tumulus placé en arrière; une salle hypogée est construite sous le tumulus.

tablette sur le trône, puis on fait le sacrifice de consécration, 虞祭; on brûle de l'encens et des lingots, on lit et on brûle une prière, on fait la triple libation pour fixer l'esprit dans la tablette; le président du conseil des prières supplie l'âme de vouloir bien se rendre dans le temple des ancêtres. L'empereur s'approche du trône, s'agenouille, prend la tablette et la dépose dans une chaise jaune. Cette chaise, précédée par le parasol jaune, par des grands ayant charge à la cour, des grands chanceliers et d'autres dignitaires, se met en route vers Péking. Matin et soir, l'empereur offre un sacrifice à la tablette.

En arrivant la chaise de l'âme se rend au temple des ancêtres, 太廟. Trois jours auparavant, des prières ont été dites dans ce temple, ainsi qu'aux autels du ciel et de la terre. Les fonctionnaires, en habit de cour, sont réunis et placés suivant leur rang. L'empereur prend respectueusement la tablette dans la chaise, la pose sur une natte au milieu de la salle et la lit à haute voix; il s'agenouille trois fois; ensuite il met la tablette à la place qui lui est réservée, et s'agenouille de nouveau trois fois. Après cette cérémonie, 升祠, l'empereur mort est compté au nombre des ancêtres de la famille impériale.

Au premier et au second anniversaires de la mort, l'empereur va au tombeau et fait des sacrifices. Vingt-sept jours après le second anniversaire, il fait encore un autre sacrifice et quitte le demi-deuil. Au troisième anniversaire, on fait encore au tombeau un sacrifice spécial.

Les rites des funérailles d'une impératrice douairière sont à peu près les mêmes. Toutefois, on ne met le sceau à la couleur bleue que pendant quinze jours; la durée générale du deuil est de cent jours pour les fonctionnaires et de vingt-sept jours pour le peuple. Les prières de chaque jour sont faites par les princesses et les dames d'atour; le convoi est suivi par les femmes de service de l'impératrice, montées à cheval, entourées d'eunuques et de gardes. La salle du catafalque est la salle Yong-se au King-chan, 景山永思殿. Les autres cérémonies sont les mêmes que j'ai déjà décrites. Si l'impératrice douairière n'a été élevée au rang d'impératrice que depuis la mort de l'empereur son époux, sa tablette ne peut être mise au temple des ancêtres que du consentement de toute la famille impériale : c'est dans de telles circonstances que la mère de l'empereur K'ien-long, qui, du vivant de Yong-tchong, n'était que concubine de cet empereur, a été rangée parmi les ancêtres impériaux.

A la mort d'une impératrice, le deuil est conduit par son fils aîné; l'empereur porte le deuil treize jours; le prince impérial, fils de l'impératrice, garde cent jours le grand deuil; il en est de même pour les membres du conseil des funérailles et pour les gens du service personnel de l'impératrice. Le deuil des fonctionnaires est de vingt-sept jours; l'emploi du sceau bleu est de treize jours, mais seulement pour les lettres officielles, le sceau rouge étant apposé sans interruption sur les décrets et rapports. Lorsque l'empereur ou l'impératrice douairière font des libations, ils ne se prosternent pas, le prince qui conduit le deuil, se prosterne à leur place. Les registres et sceaux où sont inscrits les noms honorifiques, sont présentés par des médiateurs, 正副使; les autres cérémonies sont conduites par le prince impérial et se font comme pour les funérailles de l'empereur, seulement les offrandes sont moins considérables. Les fonctionnaires ne viennent sur le passage du convoi que d'une distance de 5o li. Au bout de vingt-sept mois, le prince quitte le deuil.

Lorsqu'une princesse épouse ou une dame du palais vient à mourir, l'empereur prend le demi-deuil pendant dix jours au plus et suspend les audiences pendant cinq jours au plus, d'après le rang de la défunte. Le deuil est porté par les enfants de la princesse, par les membres du conseil des funérailles et par des fonctionnaires spécialement désignés; il dure seulement jusqu'au grand sacrifice, 大祭; un peu auparavant ont lieu les prières pour la consécration de la tablette; après le grand sacrifice, la tablette est mise dans la salle, 饗殿, de la sépulture. Les titres honorifiques, s'il en est décerné, sont présentés avec le même cérémonial que pour une impératrice. La salle du catafalque est située dans la ville impériale, au nord-est du palais, 吉祥所. Le lieu de sépulture est dans la même enceinte réservée que les sépultures impériales.

Les princes impériaux qui n'ont pas obtenu de titre nobiliaire, à cause de leur jeunesse, ceux à qui est accordé le titre posthume de prince héritier, 太子, sont inhumés dans le voisinage des tombes impériales. Il en est de même pour les princesses impériales non mariées. Les funérailles des princesses impériales mariées sont faites par les soins d'un conseil des funérailles; elles sont enterrées dans des tombeaux séparés, qui ne sont ni auprès des sépultures familiales de leurs époux, ni auprès des tombes impériales. Les rites de ces funérailles diffèrent peu de ceux de l'enterrement des princesses épouses et des dames du palais.

Testament de l'empereur, avènement, régence.

Les grands princes du premier et du second rang, les membres du Grand Conseil, 軍機處, le gouverneur de l'empereur et, de plus, les hauts personnages que l'empereur a désignés de vive voix, ou simplement fait appeler auprès de lui pendant sa dernière maladie, sont appelés ministres exécuteurs testamentaires, 顧命大臣; l'empereur doit toujours avoir un testament, 遺詔 : s'il n'a pu en écrire un, les exécuteurs testamentaires le rédigent, de concert avec les impératrices douairières. A la mort de T'ong-tché, l'impératrice, sa femme, n'approuva pas le testament rédigé par les deux impératrices douairières et par les exécuteurs testamentaires : elle ne pouvait admettre la décision qui faisait Kwang-sin empereur et fils adoptif de Hien-fong et privait T'ong-tché de descendance; peu après elle s'empoisonna avec des pilules d'or.

Le testament écrit par l'empereur est déposé dans ses archives spéciales; deux copies en sont faites, l'une est conservée à l'autel du ciel, l'autre au temple des ancêtres. Le testament contient désignation de l'héritier et fixation de la durée du deuil; en général, le nouvel empereur prolonge le temps prescrit par le testament. Souvent le testament résume à grands traits les événements du règne et pose des règles de conduite pour les successeurs : c'est ainsi que K'ien-long a interdit à ses descendants les voyages dans les provinces chinoises, à cause des dépenses énormes qui en résultent et qu'il avait constatées par lui-même. Dans le testament de l'impératrice douairière, 遺誥, se trouvent des prescriptions pour le deuil, des conseils sur le gouvernement qui concordent toujours avec les idées de l'empereur, et des éloges pour les égards dont elle a été entourée jusqu'à sa mort. Ces testaments sont, avec ou sans modifications, publiés dans tout l'empire.

La mort de l'empereur est généralement tenue secrète jusqu'au moment où l'héritier désigné est entré au palais et a été reconnu par les dignitaires, 入承大統. L'héritier est amené solennellement à la salle du Trône par les princes et hauts dignitaires; il refuse d'abord le fardeau qu'on veut lui imposer et proteste de son incapacité : quand il a accepté, les princes et dignitaires restent encore un instant debout devant lui et le regardent comme pour s'assurer qu'il est bien l'héritier désigné; puis tous se prosternent. Ce jour-là, l'empereur ne monte pas sur le trône. L'empereur actuel, lors de son avènement, avait trois ans : les princes de Twen et de Kong allèrent le chercher au palais du prince de Chwen et marchèrent à droite et à gauche de la chaise où il était avec sa nourrice; il fut amené à la salle du Trône, puis conduit chez les impératrices douairières Ts'e-ngan et Ts'e-hi devant lesquelles on le fit prosterner pour les remercier du bienfait qu'elles lui accordaient, en l'appelant au trône. Ensuite le prince de Chwen vint reconnaître son fils comme empereur, mais sans s'agenouiller devant lui; le prince de Chwen et sa femme se prosternèrent devant les impératrices douairières pour les remercier.

Le trône ne pouvant rester vacant même un instant, le premier acte du nouveau souverain est d'annoncer au monde son avènement et son nom de règne; il fait ensuite part de la mort de son prédécesseur et s'occupe des funérailles. L'intronisation, 登極, prend place un mois environ après la mort de l'empereur. Le nouvel empereur, en habit de cour, se rend auprès du cercueil de son prédécesseur et déclare respectueusement qu'il accepte ses ordres; il se prosterne ensuite devant l'impératrice douairière, après quoi il va à la salle du Trône : un ministre des Rites le prie de monter sur le trône, ce qu'il fait; tous les princes et dignitaires font trois agenouillements et neuf prosternements; le sceau est apposé, en présence de l'empereur, sur un décret solennel qui est publié dans l'empire. Des adresses de félicitations sont présentées, mais ne sont pas lues. Après cette cérémonie, l'empereur reprend les habits de deuil.

Lorsqu'il y a lieu à régence, la question est réglée soit par l'empereur défunt, soit par les exécuteurs testamentaires; elle n'est pas prévue par l'Encyclopédie administrative. A la mort de Hien-fong, les deux impératrices douairières ont été régentes et le prince de Kong corégent, 議政王; à la mort de T'ong-tché, une supplique fut présentée par tous les princes et dignitaires aux impératrices, pour les supplier de prendre la régence, 垂簾聽政; les impératrices acceptèrent, et cette fois il n'y eut pas de corégent. Quand le jeune empereur eut sept ans, il commença d'assister au conseil, assis au-dessous des régentes, derrière le même rideau qu'elles. L'impératrice de l'Est mourut en 1881, la régence resta à la seule impératrice Ts'e-hi. En 1887, l'empereur prit en mains le gouvernement, et la régence se transforma en simples conseils officiels, 訓政, de l'impératrice douairière : le nom de l'empereur fut dès lors inscrit sur tous les rapports après celui de la régente. Au mois de mars 1889 eut lieu la remise du pouvoir, 歸政: l'empereur et la jeune impératrice présentèrent leurs félicitations à l'impératrice douairière; puis l'empereur écouta la lecture des adresses de tous les fonctionnaires et donna le décret solennel destiné à être publié dans l'empire; depuis cette époque, le nom de l'empereur est seul inscrit sur les rapports; les décrets, sauf ceux qui ont trait au prince de Chwen, sont rendus en son nom seul; les présentations et les examens du palais sont faits suivant les règles anciennes.

Quelques jours après la remise du pouvoir, deux caractères furent ajoutés au nom de l'impératrice, 崇上徽號. La veille d'une cérémonie de ce genre, l'empereur présente un placet à l'impératrice pour la prier d'accepter ce nouveau nom; le jour, l'empereur, avec toute la cour, se rend au palais Ts'e-ning, s'agenouille devant l'impératrice douairière et lui présente respectueusement le livre et le sceau en or sur lesquels sont écrits les nouveaux noms; lecture est donnée des textes, puis l'impératrice reçoit les félicitations de la cour.

J'ai maintenant à parler de la cour, des hauts dignitaires qui la constituent, des corps chargés des services qui la touchent directement et des administrations qui en règlent le cérémonial. Pour tous ces points, j'ai surtout puisé dans la *Gazette de Péking*, dans les *Annuaires*, 爵秩全函, 內務府爵秩內覽, et dans l'*Encyclopédie administrative*.

Dignitaires de la cour.

La cour impériale comprend les membres de la noblesse impériale et ceux de la noblesse mongole qui se trouvent à Péking; les personnages ayant le titre de haut fonctionnaire, 大臣, c'est-à-dire ceux qui sont au moins mandarins de la première classe du second rang, 正二品 (vice-rois, vice-présidents de ministère et au-dessus); les fonctionnaires de Péking supérieurs à la seconde classe du troisième rang, 從三品, par conséquent les présidents de la plupart des cours secondaires; et enfin ceux qui exercent à la cour des fonctions spéciales leur donnant le titre de haut fonctionnaire sans qu'ils en aient réellement le rang.

La plupart des fonctions de la cour sont conférées comme hautes distinctions à de très grands personnages, sans règles fixes et par le bon plaisir impérial; je ne sais si la liste que je vais donner est complète, car je n'en connais pas d'énumération systématique.

Les grands du palais impérial, 御前大臣, sans nombre déterminé, avec les princes mongols qui leur sont assimilés, 御前行走, doivent assurer à chaque instant l'exécution des ordres de l'empereur : quelques-uns d'entre eux sont toujours au palais, prêts à répondre à l'appel du souverain et à transmettre ses commandements.

Les grands ayant charge à la cour, 內大臣, sont au nombre de douze; six d'entre eux sont à la tête des gardes; chacun d'eux veille au palais pendant vingt-quatre heures. Ils sont suppléés en cas de besoin par les san-tché-ta-tch'en, 散秩大臣, qui sont en nombre indéterminé. Ces fonctions sont ordinairement données à des membres de la maison impériale et très souvent la survivance est accordée aux fils des titulaires.

Les grands chambellans, 前引大臣, sont au nombre de dix : lorsque l'empereur se rend dans une des salles du palais, lorsqu'il va prier à un autel, ils doivent aller en avant et s'assurer que tout est préparé pour recevoir Sa Majesté.

Les aides de camp, 後扈大臣, au nombre de deux, vont toujours à cheval à côté de la chaise impériale. Parmi les aides de camp et les grands chambellans, quelques-uns sont remplacés chaque année.

Les gardes à queue de léopard, 豹尾班侍衛, au nombre de huit, forment l'escorte immédiate du souverain, quand il sort de son palais.

Les chefs des guides, 引馬大臣, précèdent et conduisent le cortège impérial; ils ont droit à un vêtement de dessus de couleur jaune.

Les grands écuyers, 壓馬大臣, ont la surveillance sur les équipages impériaux.

Les directeurs de l'Intendance de la Cour, 總管內務府大臣, ont la surveillance des services intérieurs du palais.

Outre ces fonctionnaires habituels de la cour, lorsque l'empereur voyage, il choisit, sur présentation des différentes hautes administrations, un nombre non fixé de maréchaux des guides, 嚮導大臣, et de maréchaux de l'escorte, 隨扈大臣, qui ont à surveiller les travaux d'aménagement des chemins et des lieux de halte, 行宮, à conduire le cortège, à maintenir l'ordre parmi les marchands qui se sont établis aux haltes et parmi les populations des endroits que l'on traverse, et à servir d'arrière-garde.

Chaque fois qu'une cérémonie doit avoir lieu, des princes et hauts dignitaires sont désignés à l'avance pour accomplir les différents rites, porter le sceptre et le sceau, 捧節,捧寶, présenter la coupe, 進爵, s'assurer du nombre et de l'état des animaux pour les sacrifices, 看視牲隻: mais aucune de ces fonctions n'est permanente.

Missions provisoires ou fonctions sont toutes données à des Mantchous; ceux qui les obtiennent, exercent presque toujours d'autres fonctions importantes dans les Bannières ou les administrations, ministères et conseils. Ces hautes fonctions ne donnent pas droit à des émoluments, mais à de simples indemnités pour le bois et l'eau, 薪水.

Gardes du corps,

侍衛處

Les gardes du corps sont pour la plupart des Mantchous appartenant à l'une des trois Bannières supérieures (jaune bordé, jaune uni, blanc uni). Les soldats de ces trois Bannières peuvent, après sept ans de service, passer des examens d'équitation et de tir à l'arc et être nommés gardes, 侍衛; l'obtention de cette fonction est particulièrement facile pour les tsong-ché. Les Chinois peuvent y atteindre également si, après avoir passé les examens militaires des trois degrés (correspondant aux examens civils que l'on nomme souvent baccalauréat, licence et doctorat), ils passent encore un examen supérieur : la garde impériale serait donc pour les grades militaires ce que l'Académie impériale est pour les grades civils; dans la garde impériale, les Chinois ne peuvent dépasser le grade de capitaine. A ces deux classes de gardes, s'en ajoute une troisième, composée de soldats des trois Bannières supérieures qui font le même service que les gardes, mais sans avoir le titre; cette distinction leur facilite par la suite l'obtention du titre.

Quatre-vingt-dix gardes, de rang inférieur, ne portent sur le chapeau que la plume de corbeau, 藍翎; les autres ont la plume de paon à un œil, 單眼花翎. Les gardes à queue de léopard sont choisis parmi les nobles appartenant à la garde : ils sont spécialement attachés à la personne de l'empereur, tiennent la bride de son cheval et portent les lanternes auprès de sa chaise.

Les gardes sont divisés en plusieurs corps dont chacun est spécialement chargé de la surveillance d'une des portes ou d'un des bâtiments du palais. Ils demeurent dans la ville et ont des jours de service fixes. Pour tous les délits, bruits, querelles, négligences de service, si les faits se passent dans l'enceinte du palais, ils sont sous la seule juridiction de leurs chefs.

Un petit nombre de gardes parvient au grade d'officier, un plus petit nombre encore aux grades supérieurs : la plupart, après un certain temps de service, sont replacés dans l'armée avec un avancement ; ils perdent en général la plume de paon, mais conservent le titre honorifique de garde. Les officiers des gardes sont presque tous des cadets de la maison impériale. Les grades supérieurs, y compris celui de grand ayant charge à la cour, commandant des gardes, 領侍衛內大臣, sont donnés à de hauts personnages, souvent avec survivance.

Préposés aux équipages impériaux,

鑾儀衛

Cette administration, qui, à une exception près, ne comprend que des Mantchous, est sous la surveillance de trois grands du palais impérial ; l'un porte le titre de directeur des équipages impériaux, 掌衛事大臣 ; les deux autres sont sous-directeurs, 鑾儀衛鑾儀使 ; un sous-directeur chinois, 漢鑾儀使, leur est adjoint. Ils ont sous leurs ordres deux premiers préposés aux équipages, 冠軍, deux seconds préposés, 雲麾, et deux assistants des prières, 陪祀冠軍, qui se tiennent à droite et à gauche de l'empereur dans certains sacrifices ; il y a de plus un grand nombre de fonctionnaires inférieurs, répartis en bureaux, au nombre de sept, et en sections. L'administration des équipages s'occupe de tout ce qui constitue le cortège de l'empereur, et ceux des impératrices et dames du palais, voitures, animaux et insignes impériaux ainsi que le montrera la liste suivante des magasins et sections.

Magasin des chaises et voitures, 鑾輿司.

Écurie des chevaux, 馴馬司.

Magasin des parasols, 𦅾蓋司.

Magasin des arcs et flèches, 弓矢司.

Magasin des sceptres et des banderolles, 旌節司.

Magasin des bannières et pavillons, 旛幢司.

Magasin des flabellums, 扇手司.

Magasin des haches et pertuisanes, 斧鉞司.

Section des préposés aux fouets (les prosternements et génuflexions et autres rites des cérémonies de la cour sont commandés par des claquements de fouet), 靜鞭管理.

Section des préposés aux coussins pour les prosternements (mise en place), 預備拜褥冠軍.

Magasin des sabres, 班劍司.

Magasin des lances et hallebardes, 戈戟司.

Écurie des éléphants (certains chars de l'empereur sont traînés par des éléphants), 馴象司.

Magasin des pavillons triangulaires, 旗手衛.

Section des préposés aux emblèmes impériaux, 駕庫管理.

Section des préposés aux palanquins, 步輦管理.

Section des préposés aux voitures jaunes, 金輅管理.

Section des préposés aux voitures ornées, 玉輅管理.

Section des proposés aux voitures à éléphants, 象輅管理.

Section des préposés aux voitures en cuir, 革輅管理.

Section des préposés aux voitures en bois, 木輅管理.

Section des préposés aux tapis en fibres de palmier, 棕毯管理.

Section des préposés aux coussins pour les prosternements (garde), 拜褥管理.

Section des proposés aux palanquins en forme de pavillon, 亭座管理.

Section des préposés aux escabeaux et degrés, 筦頭管理.

Section des préposés à la livrée de la suite impériale, 駕衣管理.

Intendance de la Cour,

內務府

L'Intendance de la Cour est chargée des services domestiques auprès de l'empereur, des impératrices et des dames du palais : elle forme un corps héréditaire qui tire son origine des serviteurs des princes mantchous qui ont accompli la conquête de la Chine. Parmi ces serviteurs, les uns étaient des Mantchous réduits au servage en punition de certains crimes : ce châtiment a été en usage jusque sous K'ang-hi. D'autres étaient des prisonniers de guerre, chinois ou coréens ou mongols. Ces serviteurs étaient de véritables esclaves, puisque leurs enfants étaient serviteurs de l'empereur, sans rachat possible, et que leurs descendants forment encore aujourd'hui l'Intendance de la Cour, les Chinois d'origine ayant conservé des noms chinois, les autres ayant presque tous pris des noms chinois suivant le même système qui a été employé par la plupart des Mantchous; d'ailleurs Chinois, Coréens, Mongols ou Mantchous d'origine, tous sont dans la même condition.

Les serfs impériaux ont été rangés en trois Bannières, dites intérieures, 內旗, et qui se rattachent aux trois Bannières supérieures, jaune bordé, jaune uni, blanc uni.

Actuellement, les hommes des Bannières intérieures ne sont plus, en grand nombre du moins, à proprement parler, serviteurs de l'empereur, mais fonctionnaires de l'Intendance de la Cour. Ils habitent presque tous dans la ville tartare, ont entrée au palais, obtiennent souvent des places très lucratives; aucun signe extérieur ne les distingue. Les mariages entre gens des Bannières extérieures et gens des Bannières intérieures, interdits primitivement, sont permis depuis l'époque de Chwen-tché : les enfants suivent la condition du père. C'est là que reste toujours la marque originelle : les enfants d'un serf impérial sont, à leur naissance, inscrits sur les registres de l'état civil de la Bannière intérieure à laquelle ils appartiennent; à dix-huit ans, ils doivent entrer au service de l'empereur; s'il n'y a pas de poste vacant et qu'ils soient sans ressources, ils peuvent obtenir pendant quelque temps 1 taël et demi par mois; mais ils n'ont pas droit à être employés; ils dépendent ainsi, sans rachat possible, de l'Intendance de la Cour; ils ne peuvent avoir dans l'administration ordinaire que des fonctions inférieures, presque uniquement en Mantchourie et en Mongolie, ou dans l'armée, et ne peuvent jamais entrer dans les ministères. Pour être assimilés aux autres Mantchous, il leur faut être affranchis, 抬旗 : l'affranchissement est accordé à tout serf impérial qui arrive à l'Académie impériale; mais les examens sont plus difficiles pour les gens de l'Intendance que pour les autres Mantchous et les Chinois, car on reçoit fort peu d'entre eux. L'affranchissement est aussi accordé par décret, pour de grands services rendus. Pour les fonctions de l'Intendance, il existe trois degrés d'examens, le mantchou y joue un certain rôle; la vente des charges existe aussi, et beaucoup plus que dans le reste de l'administration; enfin la survivance est presque de règle pour les employés des magasins impériaux et pour les collecteurs des revenus, 莊頭.

L'Intendance forme ainsi une administration fort influente, puisqu'elle tient presque tous les services du palais, et où ne sont employés que les gens des Bannières intérieures : seuls les directeurs, au nombre de quatre, et le directeur général sont pris dans les Bannières extérieures. Ils ont sous leurs ordres les secrétaires et copistes dont j'ai indiqué plus haut les modes de recrutement : les rangs se distinguent comme dans l'administration ordinaire, par le bouton du chapeau et les broderies de la robe. Un seul homme peut remplir plusieurs fonctions dans l'Intendance, mais il ne touche que les appointements simples.

Les différentes divisions de l'Intendance de la Cour sont les suivantes.

La cassette impériale, 廣儲司 : chaque impôt doit fournir

par an une quotité fixe qui est versée par les autorités provinciales chargées de la perception, aux ministères et autres administrations : la cassette a sa part marquée et reçoit en outre tout ce qui dépasse le fixe des versements. Elle reçoit le revenu des terres de l'Intendance.

Le magasin de la joaillerie, 銀庫.

Le magasin de la pelleterie, 皮庫.

Le magasin des porcelaines, 磁庫.

Le magasin des soieries, 緞庫.

Le magasin des vêtements, 衣庫.

Le magasin des thés, 茶庫.

Ces six magasins reçoivent et gardent les cadeaux et tributs présentés à l'empereur; ils ont également charge des envois réguliers faits par les représentants de l'Intendance dans les provinces. A la tête de chacun, comme à la tête de la cassette impériale, se trouvent des secrétaires de première classe dépendant de l'Intendance, auxquels sont adjoints, pour la surveillance, un ou deux secrétaires de ministère.

La chambre des comptes, 會計司, n'a pas le maniement des deniers : elle règle la comptabilité de toute l'Intendance. De plus, c'est elle qui s'occupe du choix des eunuques, servantes, nourrices et de tous les serviteurs et ouvriers loués pour le palais. Je reviendrai bientôt sur le choix des eunuques et des servantes.

Le bureau de gérance des maisons de fonctionnaires, 官房租庫, administre les maisons qui sont fournies par l'Intendance à un certain nombre de ses membres.

L'administration des redevances, 錢糧衙門, perçoit le revenu des terres de l'Intendance et le verse à la cassette impériale. Les domaines de l'Intendance sont formés principalement des terres appartenant à des mandarins de la dynastie des Ming et qui ont été confisquées lors de la conquête; ces terres sont louées à perpétuité à des hommes de l'Intendance qui, de père en fils, les exploitent ou les font exploiter : ils sont appelés collecteurs des revenus, 大糧莊頭; ils peuvent être révoqués pour faute d'administration et l'Intendance choisit alors un autre gérant. A cette administration, se rattache le corps des huissiers, 催長, qui sont chargés de poursuivre le recouvrement des redevances.

Le bureau des bâtiments, 營造司, est chargé de l'entretien du palais et de la plupart des travaux qui s'y font; ceux qui sont plus particulièrement importants, sont du ressort du Ministère des Travaux, 工部.

Le bureau des manufactures, 造辦處, est sous la surveillance spéciale des directeurs de l'Intendance; il est chargé de procurer à l'empereur ou de faire exécuter pour lui tous les objets que désire Sa Majesté. L'une des manufactures, 織染局, située autrefois dans la ville impériale sur l'emplacement du nouveau Pei-t'ang, 西十庫, est maintenant à l'ouest de la ville, 機織衙; elle doit tisser et teindre les étoffes commandées par l'empereur, d'après les indications et dessins qu'il donne. Cette manufacture a la spécialité d'une teinture rouge pourpre.

Les principales manufactures dans les provinces sont à Kieou-kiang, 九江, pour la porcelaine; à Sou-tcheou, 蘇州, Hang-tcheou, 杭州, Kiang-ning, 江甯, pour les soies, jades taillés et autres objets. Ces manufactures sont dirigées par des administrateurs spéciaux, 織造, qui sont au nombre de trois et résident à Kiang-ning, Sou-tcheou et Hang-tcheou; ils doivent envoyer chaque année à l'Intendance une quantité fixée des produits des manufactures placées sous leurs ordres; de plus ils exécutent les commandes qui leur sont transmises par les directeurs de l'Intendance, et sont chargés de tous les achats à faire dans les provinces de leurs circonscriptions. Il existe en outre deux postes d'administrateurs des douanes, 海關監督, pour le compte de l'Intendance : l'une dans la province de Canton, 粤, l'autre à la douane de Hwai-ngan, 淮安 (Kiang-nan); ces administrateurs perçoivent les droits qui reviennent à l'Intendance et font, comme les administrateurs des manufactures, les achats qui sont à faire dans leurs circonscriptions. Dans les provinces où il n'existe ni administrateur des manufactures, ni administrateur des douanes, les gouverneurs sont chargés des achats pour l'Intendance. Les postes d'administrateur sont toujours donnés à des fonctionnaires de l'intendance, pour un an seulement; parfois un année de prolongation est accordée. Les fonctionnaires, qui remplissent ces postes très lucratifs, conservent d'ailleurs leur rang et leurs fonctions dans l'Intendance à Péking.

La chambre des rites, 掌儀司, s'occupe des prières et sacrifices qui se font dans l'intérieur du palais; elle avertit l'empereur des jours fixés et règle les détails des cérémonies d'après les usages consacrés; lorsque l'empereur n'accomplit pas lui-même les rites, elle rappelle qu'il y a lieu de déléguer un haut dignitaire pour représenter le souverain. La chambre des rites, outre les secrétaires qui la dirigent, comprend des fonctionnaires spéciaux : quatre lecteurs des prières, 讀祝官, et trois élèves-lecteurs, treize aides des cérémonies, 贊禮郎, chargés d'indiquer à à l'empereur les prosternements et génuflexions qu'il doit faire, quatre élèves-aides des cérémonies, cinq préposés aux objets du culte, 司俎官. Le bureau chargé des tablettes pour les esprits, 神房, et le bureau chargé des fruits pour les offrandes, 果房, se rattachent à la chambre des rites, ainsi que l'administration de la musique ordinaire, 昇平署. De plus la chambre des rites s'occupe de l'avancement et de la dégradation des eunuques du palais et en réfère au Ministère des Fonctionnaires, 吏部.

La chambre de l'abondance, 慶豐司, a la surveillance des bestiaux destinés aux sacrifices de la religion domestique impériale et de ceux qui servent à l'usage du palais.

L'administration des eunuques et servantes, 掌關防管理內管領事務處, est l'une des plus importantes de l'Intendance; elle n'a à s'occuper ni du choix ni du paiement des eunuques et des servantes qui dépend de la chambre des comptes, ni des avancements et dégradations qui dépendent de la chambre des rites, ni des châtiments qui sont du ressort de la chambre de justice, 愼刑司 : néanmoins, pour plus de clarté, je réunis ici tout ce qui a rapport aux eunuques et aux servantes.

Le nombre des eunuques du palais varie entre deux et trois mille : le nombre conforme aux règlements serait trois mille [1]. Tous les cinq ans, les princes doivent fournir au palais chacun huit jeunes eunuques ayant déjà servi chez eux; ils reçoivent 250 taëls par eunuque. Le nombre d'eunuques obtenu de la sorte étant insuffisant, la chambre des comptes a des registres ouverts pour les demandes d'emploi et appelle ceux qui sont inscrits, suivant les besoins du service. Pour être inscrits, les postulants doivent faire constater qu'ils sont réellement eunuques ou, s'ils ne le sont, se remettre à des opérateurs reconnus par l'Intendance; toutefois ces opérateurs ne sont pas dépendants de l'Intendance, et c'est du patient qu'ils reçoivent leur salaire; l'opération ne peut être faite que du consentement du patient, elle consiste dans l'ablation de toutes les parties génitales externes. Beaucoup d'eunuques sont originaires du sud du Tché-li, et aussi d'un village situé à 3 ou 4 lieues à l'ouest de Péking. Bon nombre de parents font faire l'opération à leurs enfants vers l'âge de dix ans; mais il y a aussi des hommes faits, même des gens mariés, qui se soumettent à la castration, et cela jusque vers trente ans; plus tard, l'opération serait trop dangereuse. Le but de ceux qui deviennent eunuques est de s'assurer au palais une vie peu active et des fonctions lucratives. Les parties enlevées aux eunuques sont conservées par eux : ils doivent les présenter pour monter en grade et ils les font enterrer avec eux.

Les eunuques reçoivent par mois d'abord 2 taëls et du riz; leurs appointements peuvent s'élever jusqu'à 12 taëls; ils ont des profits très considérables. Ils remplissent tous les postes inférieurs de la domesticité, sont hommes de peine, balayeurs, jardiniers, portiers; une brigade d'eunuques, sous les ordres de l'un d'entre eux, est attachée à chaque bâtiment du palais; dix-huit d'entre eux sont lamas; d'autres sont comédiens et donnent une représentation tous les mois, régulièrement; ils en donnent, de plus, autant que l'empereur l'ordonne. Les eunuques peuvent obtenir des insignes officiels, mais ils cèdent le pas aux fonctionnaires,

1. Beaucoup des renseignements que j'ai sur ce sujet viennent d'un article de M. Stent (*Royal Asiatic Society, North China Branch*, 1877) ; j'en ai vérifié la plupart dans des documents chinois, ou à l'aide de lettrés.

même de rang inférieur; ils sont tous soumis à un premier eunuque, 總內管領. Le premier eunuque actuel, fort en faveur auprès de l'impératrice douairière, a le bouton du troisième rang ; c'est le plus haut rang qu'il puisse obtenir, d'après un décret de l'empereur Kia-k'ing ; cependant l'impératrice régente voulait le faire mandarin du second rang et n'en a été empêchée que par l'opposition du prince de Chwen. Sous le règne de l'empereur T'ong-tché, l'impératrice de l'Ouest avait aussi extrêmement favorisé un jeune eunuque qui depuis a été mis à mort dans le Chantong; d'ailleurs les jeunes eunuques sont toujours fort appréciés au palais. Les eunuques comédiens forment une hiérarchie séparée, dont le plus haut rang donne droit à un bouton de jade blanc.

Les eunuques de service se tiennent dans des baraquements dressés dans les cours du palais. Les eunuques fument beaucoup l'opium et y sont autorisés même dans l'enceinte du palais. Ils ne peuvent jamais sortir sans chapeau officiel et doivent être rentrés avant la nuit tombée. Un eunuque chassé du palais ne peut plus être employé nulle part : il est donc condamné à mourir de faim. Quelques eunuques deviennent fort riches, mais ils sont toujours méprisés et haïs par le peuple.

Les eunuques, et en général tous les gens de service du palais, sont sous la juridiction de la chambre de justice, 愼刑司; cette chambre est aussi chargée de poursuivre et ramener les eunuques fugitifs ; au premier délit de ce genre, l'eunuque est bâtonné, au second, exilé, et au troisième, renvoyé du palais. L'amende, la bastonnade, l'exil, le renvoi sont les châtiments pour les délits qui se présentent d'ordinaire ; le vol d'un objet appartenant à l'empereur est puni de mort. Lorsqu'un châtiment est appliqué, la chambre de justice adresse un rapport au Ministère de la Justice, 刑部. Les eunuques chefs sont responsables de leurs inférieurs. Lorsque l'affaire est peu grave, elle est réglée par les eunuques chefs ; il arrive aussi que l'impératrice mère appelle les coupables devant elle.

Les servantes du palais, 宮女, comme les eunuques, dépendent de la chambre des comptes, de la chambre des rites, de la chambre de justice et de l'administration des eunuques et servantes. Tous les trois ans, la chambre des comptes, par l'intermédiaire de l'administration provinciale et de l'administration des

Bannières, convoque les jeunes filles mantchoues âgées de quinze ans et les présente à l'impératrice qui fait son choix ; les excuses présentées par les parents sont facilement admises. Les servantes sont vêtues, nourries et un peu payées ; elles remplissent les offices domestiques auprès de l'empereur, des impératrices et des dames du palais. A vingt-cinq ans, ou au plus tard trente ans, elles sont renvoyées chez elles, elles ne peuvent demander à partir auparavant, mais peuvent se faire renvoyer en commettant quelque faute, par exemple en cassant un objet. Les servantes du palais amassent de l'argent, apprennent les usages et les rites : aussi trouvent-elles facilement à se marier en quittant le palais.

Le bureau de la police, 番役處, a été institué par l'empereur Yong-tcheng, afin d'avoir des gens pour l'accompagner quand il sortait incognito, ce qui lui arrivait fréquemment, me dit-on. Aujourd'hui ce bureau n'a plus qu'à faire la police et arrêter ceux qui pénètrent dans les parties interdites du palais.

La pharmacie impériale, 御藥房, est sous la surveillance directe du directeur général de l'Intendance ; elle a simplement à se procurer et à garder les ingrédients nécessaires à la composition des médicaments qui sont préparés par les médecins de l'empereur.

Les cuisines impériales, 御茶膳房, sont sous la surveillance immédiate de deux autres des directeurs. Outre le personnel ordinaire de secrétaires de différentes classes, elles comprennent trois premiers écuyers tranchants, 尙膳正, et un aide, 尙膳副 ; dix écuyers tranchants ordinaires, 膳上侍衞 ; deux premiers échansons pour le thé, 尙茶正, et un aide 尙茶副 ; et six échansons ordinaires pour le thé, 茶上侍衞. Les cuisiniers sont ou des hommes des Bannières intérieures, ou plus souvent des Chinois loués par l'Intendance.

Les écuries impériales, 上駟院, ont charge des chevaux dont l'empereur se sert à l'ordinaire ; ceux du cortège impérial dépendent des préposés aux équipages impériaux ; les chevaux de l'empereur viennent des parcs d'élevage qui sont à Kalgan,

張家口 (Mongolie) et dans le Léao-tong, 遼東 (province de Moukden). Les écuries sont sous la surveillance immédiate de l'un des directeurs de l'Intendance. Après les surveillants, 院卿, et secrétaires, le personnel des écuries se compose de dix-neuf écuyers, 阿敦侍衞, trois préposés à la sellerie, 司鞍長, trois vétérinaires, 蒙古醫生長, et seize palefreniers en chef, 廐長. Aux écuries sont rattachés quatre préposés aux troupeaux, 牧長, qui ont charge des vaches, moutons, etc., entretenus dans les dépendances du palais.

Le dépôt militaire, 武備院, placé sous la surveillance d'un des directeurs de l'Intendance, comprend comme fonctionnaires spéciaux trois préposés aux tentes, 司幄, et trois aides; trois préposés aux parasols, 掌傘總領, et trois aides; trois fabricants d'arcs, 弓匠固山達, et trois aides; trois fabricants de flèches, 備箭固山達, et trois aides; un fabricant de flèches à pointe mousse, 骲頭匠; quatre huissiers, 催總;

La chambre de la vénerie, 都虞司, a dans sa dépendance les bateaux, les chiens, les faucons de l'empereur, c'est-à-dire ce qui sert pour la chasse et la pêche.

Le palais habité par l'empereur Yong-tcheng avant qu'il montât sur le trône, aujourd'hui transformé en lamaserie, 雍和宮, la salle de la Grande Chancellerie, 武英殿, et divers bâtiments situés dans le palais impérial, 甯壽宮, 中正殿, sont administrés par des membres de l'Intendance spécialement délégués. De la même façon sont administrées les deux écoles de Hien-ngan-kong, 咸安宮, et du King-chan, 景山, qui sont situées dans les dépendances du palais et où des enfants mantchous sont élevés gratuitement.

Les parcs impériaux, 奉宸苑, sont sous la surveillance de

différents princes; ces parcs sont gardés par des détachements des Bannières; les uns servent de terrains de chasse, d'autres de résidences d'été; d'autres fournissent au palais des fleurs et des arbres. Ce sont le Nan-yuen, 南苑, le Yuen-ming-yuen, 圓明園 (palais d'Été), le Tch'ang-tch'wen-yuen, 長春園, le Yiho-yuen, 頤和園, le Tsing-yi-yuen, 靜宜園, et le Tsing-ming-yuen, 靜明園; tous sont situés dans les environs de Péking.

Le palais impérial situé à Géhol, 熱河 (province de Moukden) et celui de Moukden sont régis par l'Intendance de la Cour; les surveillants, 總管, sont délégués par l'Intendance de Péking pour une durée d'un an, avec prolongation possible d'une année.

Un censeur, 御史, et un secrétaire sont délégués par la cour des censeurs, 都察院, auprès de l'Intendance de la Cour.

Intendances des palais princiers,

王府.

Les cinq Bannières inférieures (blanc bordé, rouge uni, rouge bordé, bleu uni, bleu bordé), comme les trois supérieures, comprennent chacune une partie, dite Bannière intérieure, formée des serviteurs héréditaires des huit princes à casque de fer. L'origine de ces serviteurs est le même que celle des serfs impériaux; leur condition est fort analogue : cependant ils ont dans les examens la condition des autres Mantchous, ils peuvent arriver à toutes les fonctions publiques; mais alors, quel que soit leur rang, ils doivent toujours se prosterner devant leur maître. Cette marque de servage ne disparaît que par un décret d'affranchissement ou par le rachat qui est possible aux serfs des princes, tandis qu'il n'existe pas pour les serfs impériaux : leur nom est alors rayé du registre d'état civil tenu dans le palais du prince dont ils dépendent. Les serfs des princes reçoivent du gouvernement une certaine quantité de riz, en leur qualité d'hommes des Bannières; ils ont droit à être payés par leur maître. Chez chaque prince, ils sont sous les ordres d'un majordome, 長史, pris parmi eux. Souvent les princes prennent des filles de leurs serfs comme femmes de second rang ou concubines.

Les princes peuvent en outre louer des serviteurs, mantchous ou chinois. Seuls avec l'empereur, ils ont le droit d'avoir des eunuques : les grands princes du premier rang en peuvent avoir trente; ceux du second rang ont droit à vingt; les princes du premier rang en ont dix et ceux du second rang en ont six; les ducs quatre; les princesses filles d'empereur trente. Les princes peuvent donner le titre de gardes, 護衛, à un certain nombre de leurs serfs : en général, ils ne peuvent avoir des gardes que de troisième et de quatrième classe; par faveur spéciale, l'empereur peut accorder aux grands princes des gardes supplémentaires de troisième et de quatrième classe et un nombre fixe de gardes de première et de deuxième classe. Les gardes accordés par décret sont payés par l'empereur.

Les huit princes à casque de fer ont conservé un droit de patronage sur les descendants des soldats mantchous qui servaient sous leurs ancêtres à l'époque de la conquête. Les obligations de ces clients, 帶三哈喇, se réduisent au devoir de venir saluer et féliciter le prince au nouvel an, à l'anniversaire de sa naissance, pour son mariage et dans quelques occasions analogues.

Les maisons princières de Yi, de Kong et de Chwen, bien que dotées de l'hérédité perpétuelle, ont beaucoup moins de serfs que les huit plus anciennes; les causes qui avaient amené l'extension du servage à l'origine de la dynastie, c'est-à-dire la guerre et l'incertitude des conditions dans des temps troublés, ont presque totalement disparu dès l'empereur K'ang-hi. La plupart des serfs de ces trois maisons tirent leur origine de l'Intendance de la Cour : quand l'empereur établit un de ses fils, il attache à sa personne un certain nombre de serfs impériaux, dont la condition devient alors complètement semblable à celle des serfs princiers. Le degré de noblesse de la plupart des maisons princières baissant de génération en génération, les pensions et le train de maison diminuent aussi; il arrive enfin que les nobles affranchissent volontiers leurs serfs moyennant finance.

Les domaines des princes ont une double origine. Les uns leur ont été donnés par des décrets des premières années Chwen-tché pour assurer dans chaque maison les sacrifices dus aux ancêtres; ces terres, 祭田, inaliénables, sont administrées par des collecteurs des redevances, 皇糧莊頭, que chaque prince a choisis parmi ses serfs dès l'origine et qui sont restés gérants de père en fils sauf cas de faute grave. Les autres sont les terres de propriétaires chinois, qui pour se faire un protecteur contre les brutalités de la conquête mantchoue, ont fait don de leurs terres à un prince et lui ont remis les titres de propriété; ces titres sont conservés par le prince; la terre a été immédiatement rétrocédée au propriétaire primitif, qui a pris le nom de collecteur des redevances, 投充莊頭, au moyen d'une location perpétuelle. C'est là une véritable recommandation, 投旗, semblable à celle qui a été en usage en Europe au moyen âge. Une redevance fort légère a été fixée, consistant en charbon, filets, poisson, volaille, d'où des noms différents suivant la nature de la redevance, 炭戶, 網戶, 魚戶, 鷄戶, 鴨戶, 鷹戶; aujourd'hui, toutes les redevances se paient en argent. La recommandation a continué à être en usage et il s'en présente des cas jusqu'à présent; elle est sanctionnée par décret impérial; celui qui s'est recommandé à un prince et tous ses descendants sont serfs de ce prince; à la mort du collecteur des redevances, son fils aîné, ou le fils de son fils aîné, lui succèdent; à leur défaut, un autre fils, ou un parent plus éloigné prennent sa place; en cas de mauvaise administration d'un collecteur, les terres sont confiées à un de ses parents, jamais elles ne peuvent sortir de la famille. Les terres de ce genre ne sont aliénables qu'au profit de l'Intendance du palais ou d'un prince de la maison impériale, nul autre ne pouvant exercer le patronage qui est une des bases du contrat.

Cour des médecins de l'empereur.

太醫院.

La cour des médecins est actuellement placée sous la haute surveillance du directeur général de l'Intendance, mais elle est organisée à part. Elle se compose d'un président, 院使, de deux vice-présidents, 左院判,石院判, de quatre premiers médecins, 御醫兼首領廳事, de quinze médecins ordinaires, 御醫, et d'élèves en nombre illimité. Pour être élève à la cour des médecins, un examen est prescrit; un médecin quelconque peut s'y présenter; le président de la cour l'interroge : un mannequin en cuivre, percé d'un grand nombre de trous qui correspondent aux différents organes reconnus par la médecine chinoise, sert aux démonstrations; ce mannequin est recouvert de papier; le candidat doit, à l'aide d'une longue aiguille, atteindre à travers la feuille de papier les organes que désigne le président. Aujourd'hui, il n'y a pas d'examen effectif : les candidats achètent de la cour le titre d'élève, qui leur permet d'étudier sous la direction des médecins de l'empereur; ces médecins sont choisis par décret parmi les élèves; ils sont payés [1]. On n'exige d'eux que des connaissances médicales, aussi ne peuvent-ils jamais passer dans d'autres administrations, ils doivent avancer dans la cour des médecins.

Deux médecins sont toujours de service au palais, ils sont relevés tous les cinq jours. Si l'empereur ou l'impératrice sont malades, on appelle en consultation le président de la cour, un vice-président et quatre ou cinq médecins; ils tâtent le pouls, écrivent une ordonnance et préparent eux-mêmes les médicaments. Si la maladie est grave, les hauts fonctionnaires envoient à l'envi des médecins renommés. L'empereur peut toujours à volonté consulter des médecins étrangers à la cour. Quand un prince ou un haut fonctionnaire est malade, l'empereur lui envoie quelques-uns de ses médecins.

1. La plupart des médecins sont chinois.

Lorsque l'empereur guérit, les médecins qui l'ont soigné, reçoivent des présents ; s'il meurt, ils sont dégradés et sévèrement punis.

Les accouchements sont faits au palais, comme partout ailleurs en Chine, par des sages-femmes : leur science est purement pratique, leurs recettes sont secrètes et sont la propriété de certaines familles. L'Intendance de la Cour fait venir les plus renommées. Suivant que l'accouchement a été heureux ou a eu une issue fatale, la sage-femme reçoit des présents ou est punie.

Explicateurs impériaux.

Les explicateurs sont de deux sortes. Les explicateurs ordinaires de l'empereur, 日講起居注官, sont au nombre de vingt, huit Mantchous et douze Chinois; ils sont choisis par décret spécial dans le conseil de surveillance, 詹事府, et dans l'Académie impériale, 翰林院, sans distinction de rang, depuis les présidents de l'Académie, 掌院, jusque parmi les simples docteurs, 修撰, 編修, 檢討. Ils sont de service suivant un rôle : leurs fonctions consistent à être toujours à la disposition de l'empereur, le suivre partout où il va, lui donner des explications sur tous les sujets sur lesquels il interroge, et tenir le procès-verbal de ses actions et de ses paroles remarquables. Ils dépendent d'une section spéciale de l'Académie.

Les explicateurs impériaux pour les livres canoniques, 經筵講官, sont choisis par décret spécial, sans distinction d'administration, parmi les fonctionnaires du troisième rang et au-dessus. A certains jours fixés par les rites, ils expliquent en solennité, dans une salle du palais, 文華殿, des passages des livres canoniques et des livres classiques : l'empereur est présent et commente après eux.

Ces explicateurs, les premiers comme les seconds, servent de précepteurs à l'empereur enfant. Ils sont sous la direction d'un gouverneur, 總師傅, chargé de l'éducation de l'empereur. Le titre de gouverneur est conféré à vie et donne à celui qui le possède, une influence considérable; le poste de gouverneur est toujours rempli, quel que soit l'âge de l'empereur; celui qui en est titulaire, généralement exerce en même temps d'autres fonctions. Il en est de même pour les explicateurs des livres canoniques, qui sont souvent présidents ou vice-présidents de ministère.

Les explicateurs, avec d'autres membres de l'Académie spécialement désignés, font le service des bibliothèques du palais, 上書房, 南書房, 毓慶宮; ils préparent pour l'empereur les pinceaux et l'encre, lui donnent les livres qu'il désire, écrivent ce qu'il leur dit.

Les gouverneur et explicateurs ont le droit de s'asseoir devant l'empereur, quand Sa Majesté le leur a dit ; leurs honoraires augmentent d'année en année jusqu'à une certaine limite ; l'empereur leur fait souvent des présents de mets, parfums, vêtements, chevaux, voitures. Ils ont le droit de présenter des rapports au Trône sur toutes les affaires ; ils obtiennent facilement des charges importantes.

Bureau d'Astrologie,
欽天監

Le Bureau d'Astrologie est placé sous la surveillance d'un prince : il se compose de deux présidents, 監正, de quatre vice-présidents, 監副, et d'un assez grand nombre de secrétaires répartis en trois sections. Un examen spécial est subi par les bacheliers pour entrer dans cette administration ; les fonctionnaires qui en font partie ne peuvent avancer que dans le bureau même et ne peuvent passer dans aucun ministère et dans aucune cour.

Les trois sections du Bureau d'Astrologie sont :

La section du temps, 時憲科, qui règle le calendrier, détermine l'époque des solstices et des équinoxes, fixe les jours fastes et néfastes, dont la connaissance a la plus grande importance pour tous les actes de la vie d'un Chinois, et spécialement pour tout ce qui concerne l'empereur. Pour ses travaux, la section du temps s'appuie sur des tables établies au XVIIe siècle par les Jésuites.

La section d'astronomie, 天文科, observe les phénomènes célestes, particulièrement les comètes et les éclipses, avertit l'empereur des faits intéressants et lui en présente des dessins.

La section des clepsydres, 漏刻科, avait pour mission de surveiller les deux clepsydres qui étaient à Péking, l'une à l'observatoire, 觀象臺, l'autre à la tour du Tambour, 鼓樓; la seconde ne fonctionne plus. Cette section s'occupe des positions favorables des astres et des circonstances topographiques, 風水; elle détermine les jours propices, 吉日, 吉期, aux cérémonies importantes, fixe pour ces jours-là le côté favorable de l'horizon, 吉方, choisit l'endroit où doit être ouverte une porte dans le palais, où doit être placé un fourneau dans les cuisines, examine les routes, fleuves, collines et arbres qui avoisinent les tombeaux impériaux et fixe la position exacte et l'orientation que ces tombeaux doivent avoir.

Conseil des prières,
太常寺

Ce conseil et les trois autres dont je parlerai après, sont chargés des cérémonies officielles : ils les préparent et les conduisent, en se conformant aux décisions du ministère des rites.

Le Conseil des prières, placé sous la surveillance d'un ministre des Rites, comprend deux présidents, 卿, deux vice-présidents, 少卿, des assesseurs, des secrétaires et des copistes. Il existe de plus un certain nombre de fonctionnaires spéciaux : vingt-huit aides des cérémonies, 贊禮郎, qui indiquent à l'empereur quels prosternements il doit faire; huit lecteurs de prières, 讀祝官; un conservateur des objets du culte, 司庫正, et deux conservateurs adjoints, 庫使. Le Conseil des prières ne s'occupe que des cérémonies du culte officiel, celles de la religion domestique de l'empereur étant du ressort de la chambre des Rites; il prépare les animaux et les objets pour les sacrifices.

La musique des cérémonies officielles dépend de ce conseil; il a donc parmi ses employés six chefs d'orchestre, 協律郎, vingt-deux premiers musiciens, 司樂, cent quatre-vingts musiciens ordinaires, 樂生, trois cents danseurs, 舞生. Les musiciens se divisent en deux orchestres, l'orchestre religieux, 神樂署, et l'orchestre des banquets, 和聲署; chaque orchestre a un directeur et deux sous-directeurs dépendant du Ministère des Rites : une section de ce ministère porte le nom de Ministère de la Musique, 樂部, elle est dirigée par deux princes et un président de ministère qui exercent une haute surveillance sur la musique du Conseil des prières. Il existe aussi un orchestre de marche, 導迎樂, dépendant de l'orchestre des banquets.

C'est au Conseil des prières que se rattachent aussi les surveillants et gardiens des autels du ciel, 圜丘, de la terre, 方澤, de l'agriculture, 先農, du soleil, 朝日, de la lune, 夕月, et des dieux protecteurs, 社稷.

Conseil des banquets,
光祿寺

Ce conseil, placé sous la surveillance d'un président de ministère, se compose de deux présidents, 卿, de deux vice-présidents, 少卿, et de secrétaires. Il comprend la section des hauts fonctionnaires, 大官署, la section des viandes, 珍饈署, la section des vins, 良醞署, la section des épices, 掌醢署, et un magasin administré par deux conservateurs, 司庫長. Il est chargé de faire préparer les repas présentés à l'empereur avant qu'il quitte les autels où il est allé sacrifier, ceux qui ont lieu au temple de la Littérature, les banquets des mariages de l'empereur, des princes et des princesses impériales, ceux qui ont lieu aux anniversaires de l'empereur et des impératrices, les banquets offerts chaque année aux princes mongols, ceux qui sont donnés aux envoyés porteurs des tributs, aux explicateurs des livres canoniques après leur explication, aux docteurs nouvellement reçus, aux membres de la Commission de rédaction de la vie de l'empereur défunt, 實錄館, lors de l'achèvement de leurs travaux, aux médecins de l'empereur, et enfin ceux qui se font aux tombeaux impériaux, 陵寢.

Conseil des écuries.

太僕寺

Ce conseil, composé de deux présidents, 卿, de deux vice-présidents, 少卿, et de secrétaires, a la charge des toiles et des cordes que l'on tend le long du passage de l'empereur; des tentes et accessoires nécessaires à ceux qui accompagnent l'empereur en voyage, sans être de sa suite de cérémonie; des bêtes de somme, chevaux, mulets, chameaux qui portent tous ces objets; et enfin des pavillons portatifs, tentes, toiles d'enceinte employés aux tombeaux, aux autels et aux temples.

Conseil des cérémonies.

鴻臚寺

Ce conseil, sous la surveillance d'un président de ministère, est composé de deux présidents, 卿, de deux vice-présidents, 少卿, et de secrétaires; il comprend en outre seize huissiers mantchous et deux huissiers chinois, 鳴贊, et quatre maîtres des cérémonies, 序班, qui surveillent tous les détails des solennités du palais.

Ministère des Rites.

禮部

Seul parmi les ministères, le Ministère des Rites s'occupe des questions de cérémonial, il est presque seul à les régler : à propos de chaque cérémonie, il est appelé à examiner les précédents, à consulter l'Encyclopédie administrative de la dynastie et à proposer au Grand Conseil, 軍機處, un règlement prévoyant tous les détails; c'est aussi le Ministère des Rites qui étudie et propose toutes les modifications à l'étiquette existante; il y a nombre de ses attributions qui sont de l'administration générale de l'empire : je n'indiquerai que celles qui touchent spécialement à la cour.

Comme tous les autres ministères, il se compose de deux présidents, 尙書, de quatre vice-présidents, 侍郎, de directeurs, 郎中, de secrétaires et copistes, 員外郎, 主事, 筆帖式, de différents grades. La direction des cérémonies, 儀制司, s'occupe des examens provinciaux et métropolitains, 鄉試, 會試, 殿試, et de la présentation à l'empereur de ceux qui sont reçus docteurs; du règlement des détails, ordre des fonctionnaires, génuflexions, prosternements, rites à accomplir, dans les solennités de la cour, et spécialement dans celles qui ont lieu à propos d'événements heureux; du choix des modèles et couleurs pour les vêtements, voitures, chaises et insignes que l'on emploie dans ces solennités, ou lorsqu'il y a lieu de modifier les modèles et couleurs en usage.

La direction des cultes, 祠祭司, exerce une surveillance

sur les autels, 五壇, le temple des ancêtres impériaux, 太廟, le temple de Confucius, 文廟, et tous les temples publics; elle fait faire des prières au moment des éclipses, expédie le calendrier impérial aux provinces et aux États tributaires et règle les rites des funérailles impériales et des funérailles faites aux frais de l'empereur. Elle a sous ses ordres les chefs des bonzes, 僧綱, et ceux des religieux taoïstes, 道紀, qui, dans chaque préfecture, règlent les affaires des communautés bouddhistes et taoïstes d'après les ordres de l'administration.

La direction de l'hospitalité, 主客司, reçoit les envoyés tributaires, présente à l'empereur les tributs et les présents des provinces; elle a charge des objets qui lui sont ainsi remis, les transmet au Trésor ou aux magasins qui doivent les garder, s'occupe des dons que l'empereur fait aux tributaires, aux mandarins et aux temples. Les envoyés tributaires sont présentés à cette direction par le bureau des interprètes, 會同四譯館, qui dépend du Ministère des Rites; ce bureau a compris des interprètes pour le birman, le siamois, le laotien, l'annamite, le coréen, la langue des îles Lieou-h'ieou; l'annuaire actuel ne porte plus que huit interprètes pour le coréen; il y a en outre deux introducteurs maîtres des cérémonies, 正教序班.

La direction des banquets, 精膳司, règle les rites des banquets impériaux, fixe la forme, la matière, le nombre des coupes, bouteilles et autres objets de service, détermine quelles viandes et quels vins doivent être servis, désigne les places de ceux qui prennent part aux banquets. Elle a la surveillance des parcs où sont conservés les bestiaux achetés ou envoyés de Mongolie pour les sacrifices ou les banquets.

Les tombeaux impériaux, 陵寢, dont trois sont près de Moukden, les autres étant dans le Tchê-li, les uns à l'est, 東陵, les autres à l'ouest, 西陵, de Péking, dépendent du Ministère des Rites qui, à chaque tombeau délègue un secrétaire pour veiller à l'entretien des bâtiments et à la conservation des objets; ces secrétaires sont toujours des hommes des Bannières et souvent des tsong-ché : ils sont en charge pendant six ans. Chaque tombeau a des employés inférieurs, 拜唐阿, également mantchous, pour allumer les lampes, brûler l'encens, préparer les viandes et le thé à l'époque des sacrifices : les sacrifices sont faits soit par l'empereur lui-même, soit par des princes spécialement désignés. Les tombeaux sont gardés par des détachements de soldats des Bannières; l'administration générale des tombeaux se compose de deux princes ou ducs désignés pour trois ans, 守護大臣, des généraux mantchous dans le ressort desquels sont situés les différents tombeaux et d'un vice-président de ministère de Moukden; les princes gardiens des tombeaux siègent alternativement à Moukden, aux tombeaux de l'est et aux tombeaux de l'ouest; ils ne peuvent rentrer à Péking sans autorisation impériale.

Chaque année, le Ministère des Rites envoie un de ses vice-présidents inspecter les tombeaux des Ming, 十三陵, dont l'administration est laissée au duc Ming.

Au Ministère des Rites, se rattache le Ministère de la Musique, dont j'ai parlé plus haut.

Académie impériale.

翰林陵

Conseil de surveillance.

詹事府

Commissions de rédaction.

L'Académie impériale est chargée, sous la surveillance de la Grande Chancellerie, 內閣, et en réservant l'approbation du Grand Conseil, 軍機處, de la rédaction des décrets de faire-part, prières, inscriptions de sceaux et de livres d'investiture, inscriptions pour les temples; du choix des caractères pour les noms de règne, noms de temple, noms honorifiques, noms nobiliaires. Elle compose toutes les inscriptions et écrit tous les ouvrages que désire l'empereur. Un certain nombre d'académiciens sont toujours explicateurs impériaux.

Le conseil de surveillance avait mission, au temps des Ming, de diriger les études de l'héritier présomptif : il n'a plus aujourd'hui aucunes fonctions effectives. Huit de ses membres sont explicateurs impériaux.

A certaines époques, des commissions de rédaction, prises parmi les fonctionnaires de la Grande Chancellerie, parmi les membres de l'Académie et parmi les hauts fonctionnaires et complétées par un grand nombre de secrétaires de différents ordres, 員外郎, 章京, 主事, et de traducteurs pour le mantchou, sont constituées par décrets spéciaux; elles durent jusqu'à l'achèvement des travaux qui leur sont confiés. Tous les dix ans, est formée la Commission de vérification de l'état civil de la maison impériale, 玉牒館; une commission de révision de l'Encyclopédie administrative, 會典館, fonctionne en ce moment : cette révision n'avait pas été faite depuis plus de soixante ans. Une autre commission, 方略館, rédige l'histoire des guerres; une autre, 國史館, prépare l'histoire de la dynastie, sans la publier. Enfin une commission, 實錄館, dont un des présidents de l'Académie fait partie de droit, est constituée à la mort de chaque empereur pour noter ses actes exemplaires et ses paroles remarquables, 聖訓. Toutes ces commissions se composent de présidents, 總裁, censeurs, 提調, rédacteurs, 總纂, et secrétaires collecteurs, 纂修. Les travaux, écrits en chinois, puis traduits en mantchou, sont copiés et présentés à l'empereur dans les deux langues, après quoi ils sont imprimés et publiés, s'il y a lieu.

Grande Chancellerie.

內閣.

La Grande Chancellerie a quelques attributions relatives au cérémonial. Lors des cérémonies importantes, les chanceliers, 大學士, ou les vice-chanceliers, 協辦大學士, sont souvent choisis pour porter et présenter les sceptres, décrets, sceaux, livres d'investiture. Le procès-verbal journalier des actions de l'empereur, dressé par les explicateurs ordinaires, est remis à la Grande Chancellerie. Elle dirige la rédaction des décrets de faire-part, 頒詔; des prières ou éloges qui sont brûlés aux tombeaux des morts illustres; des inscriptions sur les sceaux et livres d'investiture. Elle surveille le choix des caractères des noms de règne, 國號, noms de temple, 廟號, noms honorifiques décernés avant et après la mort, 徽號,謚號, noms nobiliaires, 封號. Les commissions de rédaction sont sous sa surveillance et comprennent toujours quelques lecteurs, 侍讀學士, ou vice-lecteurs, 侍讀, de la Chancellerie de l'empire.

Grand Conseil.
軍機處

Je ne veux pas terminer ce mémoire sans parler du Grand Conseil : ce corps n'a pas d'attribution de cérémonial, ses membres, en leur qualité de grands conseillers, ne figurent dans aucune solennité ; mais il est le rouage suprême du gouvernement et c'est lui qui décide, sous la présidence de l'empereur, toutes les questions, rituelles ou administratives.

Le Grand Conseil est une création mantchoue : sous les Ming, la Grande Chancellerie avait la haute direction du gouvernement. Le Grand Conseil comprend un nombre indéterminé de ministres, 軍機大臣, qui ont en même temps d'autres charges : ces ministres, depuis fort longtemps au nombre de cinq, sont actuellement le prince de Li, 禮親王, président ; Ngolohopou, 額勒和布, explicateur impérial, grand chancelier, ministre de la Guerre; Tchang Tché-wan, 張之萬, explicateur impérial, grand chancelier, ministre du Cens; Hiu Keng-chen, 許庚身, ministre de la Guerre, membre du Tsong-li-yamen ; Swen Yu-wen, 孫毓汶, explicateur impérial, ministre de la Justice, membre du Tsong-li-yamen ; les trois derniers sont des Chinois.

Les séances ont lieu en présence de l'empereur, au palais K'ien-ts'ing, tous les matins au lever du jour, et de plus, chaque fois que l'empereur le juge convenable. Soixante secrétaires, 章京, sont attachés au conseil. Quant aux statuts mêmes de ce corps et à ses attributions exactes, il est difficile de les définir, l'Encyclopédie administrative étant muette sur ce point.

J'ai tâché dans ce travail de rassembler les principaux traits de la cour impériale et de noter les grands événements de sa vie ; je me suis efforcé de développer les différents points, non d'après l'abondance des documents, mais d'après leur importance relative eu égard à la cour. Quelques recherches historiques, quelques rapprochements avec les institutions d'autres pays, quelques discussions sur les idées directrices de tous ces rouages, eussent pu être intéressantes : je me suis interdit cependant toute excursion hors des faits contemporains, ne voulant pas tronquer et fausser des questions importantes en les resserrant dans des limites aussi étroites que celles du présent travail.

Seoul, le 18 octobre 1890.

SECONDE PARTIE

Traductions.

Adoption de l'empereur Kwang-siu.

(Décret.)

T'ong-tché XIII, 12e lune, 7e jour.
(14 janvier 1875.)

Le 6e jour de la 12e lune de la 13e année T'ong-tché (13 janvier 1875), (la Grande Chancellerie) a reçu les ordres bienveillants des Impératrices douairières :

« L'Empereur, porté par un dragon, est monté parmi les hôtes célestes : il n'a pas laissé d'héritier, ce qui est (un malheur) irréparable. Que Tsai-tien, fils de Yi-hwan, prince de Chwen, devienne par adoption fils de l'Empereur Wen-tsong-hien[1] et monte sur le trône pour continuer la série des Empereurs. Lorsque l'Empereur qui succède maintenant, aura obtenu un fils, que ce fils soit donné en adoption à l'Empereur qui vient de mourir, pour continuer sa race. — Décret spécial. »

Respectez cela !

Établissement des tsong-ché à Moukden.

(Rapport au Trône, *Gazette de Péking.*)

Kwang-siu XIV, 12e lune, 7e jour.
(8 janvier 1889.)

Vos esclaves, K'ing-Yu[2] et Ak'etan[3], agenouillés devant V. M., présentent à Ses regards sacrés un rapport respectueux, au sujet de l'établissement des tsong-ché qui ont transporté leur domicile à Moukden : les temples, yamens et maisons construits à l'origine, ont éprouvé, par suite des inondations, de graves dégâts, il y a lieu de réparer les plus importants.

Vos esclaves ont reçu précédemment du secrétaire tsong-ché, Tch'wen-

1. Hien-fong.
2. Maréchal de Moukden.
3. Vice-président du Ministère des Travaux de Moukden.

Hi, du préposé en chef aux registres de l'état civil, Siuen-Hi, du directeur de l'école, Fou-Ming, etc., le rapport suivant :

« Dans la première décade de la septième lune de cette année (8-17 août 1888), de grandes pluies sont tombées plusieurs jours de suite : le sol a été couvert de cinq pieds d'eau ; de plus le Hwen-ho ayant débordé sur sa rive nord, l'eau est venue renverser les temples et yamens de l'établissement des tsong-ché ; l'eau a atteint les maisons d'habitation, en a abattu plus de quarante ; plus de trente menacent ruine et sont hors d'usage ; il y a des endroits où le terrain seul est conservé, d'autres où le terrain même n'est pas resté. »

Vos esclaves se sont aussitôt concertés et ont délégué Yu-Chou, fonctionnaire du quatrième rang, capitaine, et Ts'ing-P'ou, secrétaire, pour se rendre sur les lieux et examiner les faits. Ces fonctionnaires nous ont ensuite adressé un rapport disant :

« Ayant ensemble examiné les travaux (rendus nécessaires) par l'inondation dans l'établissement des tsong-ché, nous les évaluons de la même façon qu'avait fait le rapport primitif. »

Ayant examiné les archives de la 18e année Kia-K'ing (1813-1814), époque où a été fondé l'établissement des tsong-ché, nous trouvons le passage suivant :

« Pour les temples, yamen, école publique, chancellerie, etc., les travaux d'entretien seront faits par le Ministère des Travaux de Moukden, qui sera averti par lettre. Les réparations aux maisons d'habitation seront faites par les tsong-ché eux-mêmes. »

Mais les grandes pluies de cette année sont une calamité publique ; les dégâts qui ont eu lieu sont bien différents de la ruine naturelle par vétusté. Si l'on fait faire les réparations par les tsong-ché eux-mêmes, ils ne pourront éviter de grands embarras d'argent. D'autre part, les travaux à faire dans ces conditions étant très nombreux, si l'on vient en aide à tous pour les réparations, il y faudra certainement des sommes extrêmement considérables.

Vos esclaves, après mûre réflexion, sont d'avis qu'il n'y a qu'un moyen : d'abord choisir les réparations les plus urgentes et ordonner au Bureau des Devis de faire un projet conforme aux mesures indiquées par le rapport primitif et d'appuyer sur ce projet une estimation sérieuse.

Temple du dieu de la guerre :

Grande salle.	trois travées.
Ailes de l'est et de l'ouest, chacune	une travée.
Grande porte	une travée.
Mur d'enceinte, longueur totale	31 toises 5 pieds[1].

Un mur en face de la grande porte.

1. La toise (*tchang*) vaut 10 pieds (*tché*).

Temple de la littérature :

Grande salle . . . . sept travées.

École publique :

Bâtiment central. . . . . trois travées.

Maisons à l'est et à l'ouest de la cour, chacune . . . . trois travées.

Grande porte . . . . une travée.

Mur d'enceinte, longueur totale . . . . 46 toises.

Un mur en face de la grande porte.

Yamen :

Bâtiment central. . . . . trois travées.

Maisons à l'est et à l'ouest de la cour, chacune . . . . trois travées.

Grande salle. . . . . trois travées.

Maisons latérales à l'est et à l'ouest, chacune . . . . . trois travées.

Grande porte . . . . une travée.

Mur d'enceinte, longueur totale. . . . . 46 toises.

Un mur en face de la grande porte.

Chancellerie :

Bureau des archives. sept travées.

Bureau public . . . . cinq travées.

Grande porte . . . . une travée.

Mur d'enceinte, longueur totale . . . . 46 toises.

Un mur en face de la grande porte.

En nous fondant sur les règlements, qui prescrivent de recevoir les sommes concurremment en argent, sapèques et billets, notre évaluation d'ensemble pour l'achat des matériaux est de 5,993 taëls,15, pour le louage des ouvriers de 543 taëls,504.

Nous demandons à V. M. Ses instructions pour commencer les réparations. Si Elle daigne nous accorder son consentement, nous prendrons aussitôt les sommes fixées au Ministère du Cens de Moukden; nous déléguerons des fonctionnaires pour préparer les matériaux, en attendant le printemps prochain : cette époque favorable étant arrivée, un jour de bon augure étant choisi, on se mettra aux travaux pour rétablir les lieux dans l'ancien état. A l'achèvement des travaux, une liste détaillée en sera adressée au Ministère des Travaux pour l'examen et l'apurement.

Quant aux maisons d'habitation des tsong-ché, nous proposons, lorsque les magasins se seront un peu remplis, de présenter un rapport à V. M. pour La prier d'ordonner la réparation totale de ces maisons; et pour le moment de désigner parmi elles celles dont les réparations sont urgentes : ce procédé est-il convenable?

Nous avons cru devoir rédiger respectueusement ce rapport, et nous supplions à genoux S. M. l'Impératrice douairière et S. M. l'Empereur d'y jeter leurs regards.

Rapport respectueux.

(La Grande Chancellerie) a reçu l'apostille au vermillon : « Ordre au ministère compétent d'être informé conformément à la demande. »

Respectez cela !

Élévation de l'Impératrice et des Princesses épouses.

I. — (Décrets, *Gazette de Péking.*)

Kwang-siu XIV, 10e lune, 5e jour.
(8 novembre 1888.)

(La Grande Chancellerie) a reçu avec respect les ordres bienveillants de S. M. l'Impératrice douairière Ts'e-hi-twan-yeou-k'ang-yi-tchao-yu-tchwang-tch'eng :

« Depuis que l'Empereur est parvenu à Son tour à la dignité suprême, Son âge a augmenté de jour en jour : il convient de choisir une personne sage qui soit Sa compagne, qui L'aide à diriger le palais, qui pratique les devoirs d'épouse et qui soutienne Sa vertu impériale. Nous avons donc choisi la fille du vice-lieutenant général Kweï-Siang, de la maison de Yéhouala[1] ; elle est de caractère droit, de manières parfaites, vertueuse et sage : Nous ordonnons qu'elle soit élevée au rang d'Impératrice. — Décret spécial. »

(La Grande Chancellerie) a reçu avec respect les ordres bienveillants de S. M. l'Impératrice douairière T'se-hi-twan-yeou-k'ang-yi-tchao-yu-tchwang-tch'eng :

« Nous ordonnons que la fille âgée de quinze ans de Tch'ang-Siu, ancien vice-président de ministère, de la maison de T'at'ala, soit faite Princesse épouse, sous le nom de Kin (Éclat des gemmes).

« Nous ordonnons que la fille âgée de treize ans de Tch'ang-Siu, ancien vice-président de ministère, de la maison de T'at'ala, soit faite Princesse épouse, sous le nom de Tchen (Précieuse). »

Respectez cela !

II. — (Extrait du *Cérémonial du mariage impérial* publié par l'Intendance de la Cour.)

Élévation de l'Impératrice.

Ce jour-là (Kwang-siu XIV, 10e lune, 5e jour ; 8 novembre 1888), au palais de l'Impératrice, des chefs des eunuques et des femmes du palais, désignés à l'avance, seront de service : la Chambre des Services respec-

1. C'est là le nom de famille de l'Impératrice ; les Mantchous ne se servent pas habituellement de leur nom de famille ; chez eux, le nom de famille est souvent tiré du nom d'une localité.

tueux[1] priera S. M. l'Impératrice douairière de désigner ceux qui y devront aller.

Élévation des Princesses épouses et des Dames du palais.

En sortant du palais, on passera par les portes Chwen-tcheng et Chen-wou. Nous ordonnons que chacune de ces dames soit accompagnée jusqu'à la maison paternelle par un surveillant général du palais K'ien-ts'ing et deux eunuques de la Chambre des Services respectueux. Après quoi les surveillants et eunuques rentreront immédiatement au palais.

Le jour de l'Élévation de l'Impératrice, quand S. M. sortira du palais, elle doit monter dans une chaise à huit porteurs. Nous ordonnons que cette chaise soit introduite d'avance dans le palais; des porteurs eunuques la porteront jusqu'en dehors de la porte Chwen-tcheng, les préposés aux équipages la porteront pour continuer la route. Elle sera accompagnée d'eunuques-chefs, qui auront été désignés par S. M. l'Impératrice douairière, à la prière de la Chambre des Services respectueux. Pour ce qui est de la compétence des préposés aux équipages, Nous ordonnons que tout soit préparé d'après les règlements en usage pour les Impératrices. Lorsque S. M. aura été menée à son palais, toutes les portes dudit palais devront être gardées par des eunuques-chefs désignés par l'Impératrice douairière sur la prière de la Chambre des Services respectueux.

Costumes des Princesses et Dames de la Cour.

(Extrait du *Cérémonial du mariage impérial* publié par l'Intendance de la Cour.)

De plus, pour faire respectueusement leur service dans toutes les cérémonies du mariage, Nous ordonnons que les Princesses par alliance et Dames d'honneur portent la coiffe mantchoue, qu'elles revêtent la robe longue à dragons et la robe de dessus à huit écussons et qu'elles aient le collier en perles. Pour les cérémonies des félicitations, qu'elles revêtent de nouveau le costume de cour. Nous ordonnons que les Dames d'atour portent la coiffe mantchoue et revêtent la robe longue à dragons. Que celles qui ont droit au collier en perles, portent le collier en perles.

Règlement de quelques-unes des cérémonies qui précèdent le jour du mariage.

(Extrait du *Cérémonial du mariage impérial* publié par l'Intendance de la Cour.)

Les préliminaires du mariage impérial sont divisés en deux jours.

1. Bureau dépendant de l'Intendance de la Cour et chargé de la direction immédiate des eunuques.

On fera respectueusement entrer le trousseau de l'Impératrice dans le palais (1re lune, 25e jour et 26e jour; 24 et 25 février 1889) : pour le fard, les fleurs de bourre de soie, le voile et autres objets, l'argent sera fourni par le palais; la maison paternelle de l'Impératrice s'occupera (des achats et préparatifs). Nous ordonnons que les deux sceptres de félicitation en or et en jade, qui ont été précédemment donnés à l'Impératrice, soient portés dans des palanquins à dragons et forment les premières entrées. Nous ordonnons de déléguer un grand ayant charge à la Cour, commandant les gardes, et un directeur de l'Intendance ; de choisir des gardes de la porte K'ien-ts'ing, des gardes de la grande porte, des fonctionnaires de l'Intendance pour conduire le cortège du trousseau avec tout le respect voulu et s'occuper de tout le long de la route. Nous ordonnons que le trousseau soit respectueusement apporté par les porteurs de l'administration des équipages et les gens de l'Intendance, de tous ordres, qui seront de service; ils seront désignés d'avance. On entrera par la porte Tong-hwa, on passera par les portes Hie'-ho, Tchao-te, Tchong-tso, Heou-tso, on entrera dans la porte K'ien-ts'ing et on déposera et rangera les objets dans le palais Tchong-ts'wei : l'eunuque-chef de ce palais les recevra.

Pour la confirmation des accordailles du mariage impérial, nous ordonnons que, la cérémonie achevée, les objets rituels, les satins et les toiles du palais soient conservés provisoirement dans le palais de l'Impératrice. Lorsque l'on fera entrer le trousseau, ces satins et toiles seront emballés séparément dans des caisses: les autres instruments et vases, en or et en argent, les objets rituels, etc., une fois les cérémonies des accordailles et de la confirmation des accordailles étant terminées, seront remis au surveillant Lieu-Ying, qui les recevra et les fera rentrer au palais. Les harnachements et bâts de chevaux, employés pour l'entrée au palais, seront rendus au yamen compétent.

Pour le jour de la cérémonie du mariage (1re lune, 27e jour ; 26 février 1889), après que l'Impératrice sera descendue de sa chaise à phénix, deux chefs-eunuques délégués prendront respectueusement le caractère dragon et les sceptres de félicitation (dans la chaise de l'Impératrice) et les déposeront dans le palais Tchong-ts'wei.

Pour le jour des accordailles du mariage impérial, Nous ordonnons que le banquet, qui doit être donné au père de l'Impératrice, dans le palais de l'Impératrice, soit préparé d'après les règlements. Il est inutile de préparer un banquet pour la mère de l'Impératrice : Nous ordonnons que ce point soit modifié et que l'on donne des tables chargées de gâteaux, des moutons et du vin. Le Conseil des Cérémonies devra, après délibération, décider les quantités et s'occuper de l'exécution. Après le banquet, les tables et autres objets seront donnés aux chefs-eunuques du palais de l'Impératrice.

Porcelaines fabriquées par la manufacture de Kieou-kiang pour le mariage impérial.

(RAPPORT AU TRÔNE, *Gazette de Péking.*)

Kwang-siu XV, 1re lune, 18e jour.
(17 février 1889.)

RAPPORT ANNEXE DE TE-HING [1]

En outre,

J'ai reçu de l'administrateur de Kieou-kiang, Li Hi-lien, le rapport suivant :

« Chaque année, la fabrique de Kieou-kiang, après avoir cuit les porcelaines, bouteilles et plats de tous genres [2] pour le grand envoi et avoir livré les porcelaines de commande de toutes sortes, écrit sur un registre jaune le nombre et la nature des pièces fabriquées et soumet ce registre au regard impérial.

« Dans le courant de la quatorzième année, nous avons fait, pour être disposés dans le palais lors du mariage impérial, des assiettes, bols, tasses, soucoupes, etc., le tout très fin et orné de dessins, soit en tout 868 pièces de qualité supérieure, dont le coût total a été 2,501 taëls,191953. Le Ministère du Cens (Finances) nous a alloué, pour cuisson et fabrication des porcelaines du mariage impérial, la somme de 2,500 taëls, qui ont été pris sur les droits des douanes maritimes et sur les impôts envoyés à Péking : cette somme, conservée à la manufacture, a été employée en totalité et, de plus, elle est inférieure de 1 taël,191953 au montant des dépenses : la manufacture a fourni le complément. »

« De plus, pour le grand envoi de cette même période, dans le courant de la quatorzième année, on a fabriqué 80 pièces de porcelaine (bouteilles), qualité supérieure, 1,240 pièces de porcelaine (assiettes, etc.), qualité supérieure. Nous avons, de plus, reçu commande de bouteilles bleu de ciel à dessins fins, de grandes assiettes de la dimension d'un pied, pour les présents impériaux; d'assiettes, bols, tasses, soucoupes et vases de sacrifice, pour l'usage de la Cour; plus diverses porcelaines, bouteilles, assiettes, etc., en tout 7,952 pièces de qualité supérieure, dont le coût total, matière, travail, etc. est de 28,343 taëls,1868982. Nous avons réglementairement payé aux ouvriers des fours la somme de 10,000 taëls; cette somme intégralement acquittée, il manquait 18,343 taëls,1868982, que, d'après les précédents et les règlements, nous avons pris sur le surplus des impôts. »

1. Gouverneur du Kiang-si.

2. 琢器 désigne les bouteilles de tous genres, en porcelaine et 圓器 les assiettes, plats, etc.

« Nous avons, d'après les règlements, expédié à Péking, par navire à vapeur, à la date du 21 de la 9e lune
les porcelaines commandées par le mariage impérial, celle du grand envoi de l'année et celles des commandes spéciales, pour être livrées au magasin des porcelaines; nous avons envoyé à l'Intendance et au Ministère du Cens, pour être examiné et réglé, le registre détaillé par articles des prix de main-d'œuvre et d'achat de matériaux. De plus nous avons rédigé le registre jaune, portant les sortes et nombres de toutes ces porcelaines et nous vous prions de le transmettre par un rapport au Trône. »

Votre serviteur, ayant examiné ce compte-rendu et l'ayant trouvé exact, croit devoir présenter le présent rapport annexe et mettre respectueusement le registre jaune sous les yeux de S. M. en la priant d'y jeter Son regard sacré et de donner Ses instructions.

Présenté avec respect.

(La Grande Chancellerie) a reçu l'apostille au vermillon : « Que le yamen compétent soit informé; que le registre jaune soit envoyé en même temps. »

Respectez cela!

Trousseau de l'Impératrice d'après les coutumes mantchoue et chinoise.

(Volume publié par l'Intendance de la Cour.)

Le 24e jour de la 1re lune de la 15e année Kwang-siu (23 février 1889), de 5 à 7 heures du matin, le trousseau de S. M. l'Impératrice entrera dans le palais.

1re entrée : sceptre de félicitation en or, donné par S. M. l'Empereur. Porté dans un palanquin à dragons.

2e et 3e entrées : sceptres de félicitation en or, de S. M. l'Empereur. Portés dans des palanquins à dragons.

4e entrée : une boîte contenant un serre-tête, et une boîte contenant des cols, les boîtes ayant un pied et neuf pouces. Portées dans un palanquin à dragons.

5e entrée : une boîte contenant un serre-tête, la boîte ayant un pied et neuf pouces. Portée dans un palanquin à dragons.

6e entrée : une boîte contenant un serre-tête, la boîte ayant un pied et neuf pouces. Portée dans un palanquin en étoffe jaune plissée.

7e entrée : une boîte contenant neuf pièces d'étoffe de différentes sortes, chacune pour un vêtement. Portée dans un palanquin en étoffe jaune plissée.

8e et 9e entrées : (de même que la 7e entrée).

10e entrée : un épi de millet en jade bleue, comme signe de paix. Porté sur un plateau entouré d'un rebord en étoffe plissée.

11e entrée : chandeliers de table, en cuivre et émail cloisonné, en forme d'éléphants, comme signe de grande paix[1]; par paires[2]. Portés sur un plateau, etc.

12e entrée : un écran à cinq feuilles, à sommet ondulé, orné de dragons et phénix et fait de bois rouge[3]. Un miroir en cuivre y est joint. Ensuite une grande enveloppe en satin rouge, brodée de caractères « double joie » en or. Portés sur plateau, etc.

13e entrée : un coffret de toilette[4] en bois rouge sculpté, avec caractères « bonheur » et « longévité ». Ensuite chandeliers à boule, en or, par paires. Portés sur plateaux, etc.

14e entrée : grands chandeliers d'or à plateau, ornés de caractères « joie », par paires. Portés sur plateaux, etc.

15e entrée : grandes amphores à goulot et anse[5], avec coupes et plateaux ; le tout en or, orné de caractères « bonheur », « longévité » et « double joie »; par paires. Portés sur plateaux, etc.

16e entrée : boites en or pour le blanc à farder; par paires. Portées sur plateaux, etc.

17e entrée : grands plateaux à thé, en or, avec fleurs de pommier sauvage[6] et caractères « bonheur » et « longévité »; par paires. Portés sur plateaux, etc.

Ensuite plateaux à thé en or, ornés de sceptres de félicitation; par paires.

Tasses à couvercle, en or, ornées de caractères « bonheur » et « longévité ».

Suivent des tasses à thé avec caractères « bonheur » et « longévité », en porcelaine à fond jaune, par paires, et des tasses avec couvercles, à caractères « bonheur » et « longévité », en porcelaine à fond jaune; par paires.

18e entrée : boites rondes en or, pour le savon; par paires. Portées sur plateaux, etc.

Boites rondes en or, pour l'huile de cannelier; par paires.

Deux paires de grandes et petites boites rondes, en argent, pour mettre le rouge.

19e entrée : boites rondes en argent, pour l'huile; par paires. Portées sur plateaux, etc.

1. Éléphants portant une bouteille : jeu de mots entre 平 et 瓶, 象 et 像.
2. Le nombre des paires n'est en général pas indiqué.
3. Cet écran est un petit paravent. Le bois dont il s'agit est une sorte d'acajou.
4. Coffret à tiroir et renfermant un miroir. Les boucles des chandeliers servent à les attacher au coffret.
5. Ces amphores, en forme de théières à quatre côtés, le dessous évidé pour y placer un réchaud, servent surtout à contenir le vin, que l'on verse aux époux dans la cérémonie du mariage.
6. Symbole de l'élégance féminine.

Boîtes rondes en argent, avec les caractères « joie réciproque »[1], pour mettre les noix d'arec ; par paires.

20e entrée : vases à fleurs, contenant des canneliers en or, avec fleurs et feuilles en agate rouge et blanche et en plumes de martin-pêcheur; vases contenant des camélias[2] en jade vert et rouge; par paires. Portés sur plateaux, etc.

21e entrée : grands plateaux à fruits, jaunes à l'extérieur, rouges à l'intérieur, ornés des cent enfants en couleurs; par paires; avec pieds en bois rouge. Portés sur plateaux, etc.

22e entrée : boîtes rondes pour les gâteaux, de couleur rouge, à dessins et vernies, ornées d'éléphants en signe de grande paix; par paires; avec pieds en bois rouge. Portées sur plateaux, etc.

23e entrée : écrans à poser debout, ornés de dragons et monstres[3] sculptés en jade blanc; par paires; avec pieds en bois rouge. Portés sur plateaux, etc.

24e entrée : un vase ovoïde, en bronze, à deux anses, ayant figure d'animal, avec pied en bois rouge. Porté sur plateau, etc.

25e entrée : bols en jade blanc, ornés de fleurs d'althea[4]; sur ces bols, sont écrites des poésies impériales; par paires; avec pieds en bois rouge; renfermés dans des boîtes à couvercle en verre. Portés sur plateaux, etc.

26e entrée : un brûle-parfums à trois pieds, en bronze; avec pied en bois rouge. Porté sur plateau, etc.

Un gobelet en bronze, de forme carrée, orné de feuilles de bananier; avec pied en bois rouge.

Un poisson-dragon[5] sculpté en jade blanc; avec pied en bois rouge.

27e entrée : une montagne avec des pins et des cigognes[6], sculptée en jade blanc; avec pied en bois rouge. Portée sur plateau, etc.

28e entrée : bols à reflets vert bleu et bleu violacé; par paires; avec pieds en bois rouge. Portés sur plateaux, etc.

1. Terme tiré de la *morra* chinoise, employé quand les deux joueurs devinent en même temps.

2. Le cannelier est le symbole des succès dans les examens et dans les carrières mandarinales; le camélia représente les hautes fonctions, 玉堂, la richesse, 富, et la noblesse, 貴.

3. Le caractère employé indique un monstre homme et bœuf et n'ayant qu'une jambe.

4. Jeu de mots entre 葵 et 貴.

5. Sorte de carpe qui se transforme en dragon, dans une certaine région du fleuve Jaune.

6. Allusion aux Génies qui vivent habituellement sur les montagnes couvertes de pins et en compagnie des cigognes.

Un porte-pinceaux orné de pins et de cigognes, en jade de Han-tchong-fou[1]; avec pied en bois rouge.

29e entrée : une plaque ronde, ajourée[2], en jade vert poli, avec les caractères « bonheur » et « faveur impériale »; avec pied en bois rouge. Portée sur plateau, etc.

30e entrée : bols en porcelaine lang-yao[3]; par paires ; avec pieds en bois rouge. Portés sur plateaux, etc.

31e entrée : écrans en jade de Han-tchong-fou sculpté, représentant des Génies; avec pieds en bois rouge; par paires. Portés sur plateaux, etc.

32e entrée : bols en porcelaine bleue et blanche, représentant Si-ché[4] et les nénuphars ; par paires; pieds en bois rouge. Portés sur plateaux, etc.

Une montagne avec des Génies, sculptée en jade de Han-tchong-fou; avec pied en bois rouge.

33e entrée : feuilles et graines de nénuphar[5] entrelacées, sculptées en jade blanc; avec pied en bois rouge. Portées sur plateau, etc.

34e entrée : boîtes rondes pour le lait, sculptées en jade vert, avec incrustations de jade blanc; par paires; pieds en bois rouge. Portées sur plateaux, etc.

Un brûle-parfums en forme d'animal, orné de caractères « joie », ayant deux anneaux, fait en jade de Han-tchong-fou; avec pied en bois rouge.

35e entrée : un vase en forme d'amphore, avec couvercle, orné de caractères « joie », portant deux figures d'animaux, fait en jade blanc; avec pied en bois rouge. Porté sur plateau, etc.

36e entrée : amphores en forme de Kwan-yin, faites en porcelaine à reflets bleu violacé et bleu vert ; par paires; pieds en bois rouge. Portées sur plateaux, etc.

Un brûle-parfums carré, à figure d'animal, en jade de Han-tchong-fou. Le couvercle, en bois rouge, a des fleurs en relief et au sommet un bouton en agate.

37e entrée : amphore aplatie, à couvercle, avec deux anses, en figure d'animal, ornée de sculptures représentant des dragons au repos[6], faite de jade blanc; avec pied en bois rouge. Portée sur plateau, etc.

1. Han-tchong-fou, 漢中府, est situé dans le Chàn-si, 陜西; cette sorte de jade est couleur d'ivoire.

2. Certains nobles tenaient jadis une plaque de cette sorte devant leur visage en la présence de l'Empereur.

3. Sorte de porcelaine rouge.

4. Si-ché, 西施, fort belle jeune fille, fut aperçue par le roi tandis qu'elle cueillait des nénuphars (ve siècle avant notre ère).

5. Le nénuphar est le symbole du sage, 君子; il est aussi, à cause de ses nombreuses graines, le symbole d'une nombreuse postérité.

6. C'est-à-dire recourbés en forme d'anse.

38e entrée : vases à panse arrondie et large embouchure, en porcelaine à fond blanc, avec dessins en couleur représentant les huit Génies ; par paires ; avec pieds en bois rouge. Portés sur plateaux, etc.

Un vase carré en jade blanc, avec sculptures représentant la plante de longévité du Tibet ; avec pied en bois rouge.

39e entrée : une amphore aplatie, ayant un couvercle et deux anneaux, en figure d'animal, faite en jade blanc ; avec pied en bois rouge. Portée sur plateau, etc.

Un vase en bronze, à trois pieds, avec des anses et un couvercle, orné de nuées d'orages (modèle des Tcheou) ; avec pied en bois rouge ; couvercle sculpté à bouton en jade.

40e entrée : un vase en bronze, analogue au précédent (modèle de Foukwei des Tcheou) ; avec pied en bois rouge ; bouton au sommet en jade sculpté. Porté sur plateau, etc.

41e et 42e entrées : horloges européennes en or, à dessins entrelacés ; par paires ; avec pieds en bois rouge ; formant deux entrées. Portées sur plateaux, etc.

43e et 44e entrées : horloges européennes en or, à dessins entrelacés sur les quatre faces ; par paires ; avec pieds en bois rouge ; formant deux entrées. Portées sur plateaux, etc.

45e et 46e entrées : braseros en émail cloisonné, à dragons et phénix ; par paires, avec pieds en bois rouge ; formant deux entrées.

47e entrée : tables[1] en bois rouge, à dessins sculptés, pour mettre auprès d'un k'ang ; par paires.

48e et 49e entrées : tables rondes, en bois rouge, ornées de sceptres de félicitation et de kakis[2] sculptés ; par paires ; formant deux entrées.

50e entrée : tables à thé, en bois rouge ; par paires.

51e, 52e, 53e, 54e entrées : huit chaises, en bois rouge, ornées de matières précieuses ; divisées en quatre entrées.

55e et 56e entrées : tables à k'in[3], en bois rouge ; par paires ; divisées en deux entrées.

57e et 58e entrées : tables à trois tiroirs, en bois rouge ; par paires ; divisées en deux entrées.

59e et 60e entrées : grandes tables longues[4], faites de bois rouge à dessins sculptés ; par paires ; divisées en deux entrées.

1. Généralement 案 est une table allongée, 桌 une table carrée, 几 une petite table.

2. Jeu de mots sur 事 et 柿.

3. Ces tables ont des ouvertures ménagées afin de renforcer les sons du k'in.

4. Ces tables sont formées de longues et fortes planches que l'on pose sur des tréteaux.

61e et 62e entrées : étagères-bibliothèques en bois rouge ; par paires ; divisées en deux entrées.

63e et 64e entrées : grands paravents à miroirs (en verre européen), en bois rouge sculpté à dessins ; par paires ; divisés en deux entrées.

65e entrée : tabourets pour les pieds, en bois rouge ; par paires.

66e entrée : une table de toilette, en bois rouge sculpté, orné de dragons. Ensuite un grand vêtement peignoir, en satin rouge, brodé de dessins et de caractères « double joie » en or ; une cuvette en or.

Vingt boîtes en bois rouge, à dessins sculptés, portées sur des plateaux entourés de rebords en étoffe plissée ; formant dix entrées.

Vingt caisses en bois rouge, à dessins sculptés, portées sur des plateaux entourés de rebords en étoffe plissée : formant vingt entrées.

Grandes armoires à dessins sculptés ; par paires ; divisées en quatre entrées.

Ce qui est détaillé ci-dessus forme en tout cent entrées.

Le 25e jour de la 1re lune de la 15e année Kwang-siu (24 février 1889), de 5 à 7 heures du matin, le trousseau de S. M. l'Impératrice entrera dans le palais.

1re entrée : sceptre de félicitation en jade, donné par S. M. l'Empereur. Porté dans un palanquin à dragons.

2e et 3e entrées : boîtes contenant des cols ; ces boîtes ayant un pied et neuf pouces. Portées dans des palanquins à dragons.

4e entrée : souliers à dessins[1], de tous genres, dans une boîte de un pied et neuf pouces. Portés dans un palanquin à dragons.

5e entrée : (voir 4e entrée).

6e entrée : souliers à dessins, de tous genres, dans une boîte de un pied et neuf pouces. Portés dans un palanquin en étoffe jaune plissée.

7e entrée : assortiments de toilette (porte-éventail, miroir, porte-montre, blague à tabac)[2] dans une boîte de un pied et neuf pouces ; mouchoirs à dessins, de tous genres, dans une boîte de un pied et neuf pouces ; portés dans un palanquin en étoffe jaune plissée.

8e et 9e entrée : (voir 7e entrée).

10e entrée : chandeliers de table à caractères « joie », de couleur rouge, sculptés et vernis ; par paires. Portés sur plateaux entourés de rebord en étoffe plissée.

11e entrée : une table à trois tiroirs avec miroir dans un coffret ; le tout

1. Caractère 福, brodé.

2. 扇套, 掛鏡, 表套, 煙荷包 : en outre 氣不忿, étui pour clefs, cure-dents, 針囊, étui à aiguilles, 荷包, pour les noix d'arec, 褡褳, portefeuille.

orné de caractères « bonheur » et « longévité »; en bois rouge sculpté. Porté sur plateau, etc.

Ensuite une enveloppe pour le miroir, faite de satin rouge brodé de caractères « double joie » en or.

12e entrée : petits chandeliers d'or à plateau, ornés de caractères « joie » ; par paires. Portés sur plateaux, etc.

Ensuite une lampe à l'huile, en or.

13e entrée : rince-bouche en or; par paires. Portés sur plateaux, etc.

14e entrée : bassins en or pour mettre l'eau à lisser les cheveux; par paires; boîtes rondes en argent pour le savon; par paires. Portés sur plateaux, etc.

15e entrée : boîtes rondes en argent pour le blanc; par paires; bâtonnets en ivoire et argent; par paires. Portés sur plateaux, etc.

Cuillers en or, avec le caractère « joie »; par paires; fourchettes en or, avec le caractère « joie » ; par paires.

16e entrée : bols en porcelaine à fond jaune, avec les caractères « bonheur » et « longévité »; par paires.

Crachoirs en or (pour se rincer la bouche); par paires. Portés sur plateaux, etc.

17e entrée : coupes en or à ouverture évasée ; par paires; un bassin en or pour se laver les mains. Portés sur plateaux, etc.

Un crachoir en argent (pour le rhume); vases en argent pour faire macérer[1] ; par paires.

18e et 19e entrées : grands chandeliers à poser à terre, en bois rouge sculpté et en verre orné de dessins de plantes; deux paires; formant deux entrées.

20e et 21e entrées : braseros en émail cloisonné, à dragons et phénix; par paires ; formant deux entrées.

22e et 23e entrées : horloges en émail cloisonné et verre, ornés de fleurs entrelacées; par paires; formant deux entrées. Portées sur plateaux, etc.

24e entrée : grands vases à fleurs ornés de kakis et de sceptres de félicitation, contenant (des grenadiers et) des grenades ouvertes avec tous leurs grains[2], ornées de plumes de martin-pêcheur; par paires; pieds en bois rouge; boîtes avec couvercles en verre. Portés sur plateaux, etc.

25e entrée : une amphore aplatie, à quatre anneaux, en figure d'animal, avec couvercle; faite en jade blanc. Un cornet pour boire en jade de Han-tchong-fou sculpté, avec pieds en bois rouge. Portés sur plateaux, etc.

26e entrée : plateaux en porcelaine verte, style orné, avec les emblèmes

1. Les macérations dont il s'agit sont destinées à la préparation de pommades et pâtes de toilette.

2. Les grains de la grenade indiquent une nombreuse postérité.

des huit Génies[1] dessinés en couleurs; par paires; avec pieds en bois rouge. Portés sur plateaux, etc.

27e entrée : plateaux à fruits en jade blanc, ornés de fleurs de chrysanthème[2], par paires ; avec pieds en bois rouge. Portés sur plateaux, etc.

28e entrée : vases à panse arrondie, avec couvercles, en porcelaine fond blanc, dessins en couleurs représentant cent cerfs[3]; par paires; avec pieds en bois rouge. Portés sur plateaux, etc.

29e entrée: bols en jade vert, par paires; avec pieds en bois rouge et boîtes à couvercles en verre. Portés sur plateaux, etc.

30e entrée : grands plateaux à fruits en porcelaine blanche et bleue, dessins représentant des nénuphars et des pies[4]; par paires ; avec pieds en bois rouge. Portés sur plateaux, etc.

31e entrée : bols en jade blanc, par paires; avec pieds en bois rouge. Portés sur plateaux, etc.

32e entrée: gobelets de forme carrée, ornés de plantes de longévité (sorte de champignon); par paires; avec pieds en bois rouge. Portés sur plateaux, etc.

33e entrée : une montagne sculptée en jade blanc, avec des Génies.

Une amphore aplatie, avec couvercle, ayant quatre anneaux, en forme d'animal, avec ornement saillant en forme de hallebarde, faite en jade blanc; avec pieds en bois rouge. Portée sur plateaux, etc.

34e entrée : boîtes rondes pour les fruits, ornées de montagnes, avec les Génies du Bonheur, de la Faveur impériale et de la Longévité; de couleur rouge, vernies, à dessins; par paires; avec pieds en bois rouge. Portées sur plateaux, etc.

35e entrée : une bouteille cylindrique avec anses, en émail faite par ordre impérial.

Un bassin en émail, en forme de rognon, fait par ordre impérial; avec pieds en bois rouge. Portés sur plateaux, etc.

36e entrée : écrans à cerfs et cigognes sculptés en jade blanc; par paires. Portées sur plateaux, etc.

37e entrée : amphores à goulot droit, en porcelaine vert jaune, avec dessins en couleurs représentant des plantes; par paires; avec pieds en bois rouge. Portées sur plateaux, etc.

1. Éventail; âne; sabre et chasse-mouches; planche à battre la mesure; gourde; panier de fleurs; flûte; fruits de lotus.

2. Symbole du mérite caché.

3. Jeu de mots sur 鹿 et 祿.

4. Les pies sont signes de bonheur, donc signe de postérité; de plus il y a un jeu de mots sur 荷蓮, et 合連, ensemble.

38e entrée : une montagne en jade blanc, avec des pics, des pruniers[1] et des Génies.

Une amphore aplatie ornée du dragon des nuages, sculptée en jade de Han-tchong-fou ; avec pieds en bois rouge. Portées sur plateaux, etc.

39e entrée : cerfs et lotus en bronze ; par paires. Portés sur plateaux, etc.

40e entrée : montres en métal doré, faites pour être posées sur des meubles ; par paires. Suivent des couvercles en verre. Portés sur plateaux, etc.

41e entrée : vases à mettre le thé, en porcelaine à fond blanc, avec dessins représentant l'herbe de longévité du Tibet ; par paires ; pieds en bois rouge. Portés sur plateaux, etc.

42e entrée : brûle-parfums, amphores, boîte ronde, en jade blanc, formant un assortiment[2] ; pieds en jade vert ; boîtes à couvercle en verre. Portés sur plateaux, etc.

43e entrée : licornes[3] en bronze ; par paires ; avec pieds en bois rouge. Portées sur plateaux, etc.

44e entrée : un bassin en forme de feuille de lotus, à reflets bleu vert et bleu violet.

Un bol à dessins représentant des altheas, fait en jade vert bleu. Avec pieds en bois rouge, boîtes à couvercle en verre. Portés sur plateaux, etc.

45e entrée : vases à panse arrondie, en porcelaine à fond jaune avec dragons verts ; par paires ; avec pieds en bois rouge. Portés sur plateaux, etc.

46e entrée : une cloche en bronze, modèle des Tcheou ; avec pied en bois rouge. Portée sur plateau, etc.

47e entrée : grandes amphores en porcelaine à fond jaune, ornées des cent enfants[4] en couleurs ; par paires ; avec pieds en bois rouge. Portées sur plateaux, etc.

48e entrée : un trône en bois rouge sculpté.

49e entrée : tabourets pour les pieds, en bois rouge ; par paires.

50e entrée : tables à thé en bois rouge ; par paires.

51e, 52e, 53e, 54e entrées : huit tabourets pour s'asseoir, en bois rouge sculpté ; formant quatre entrées.

55e, 56e, 57e, 58e entrées : huit chaises à dossier semi-circulaire, en bois rouge sculpté ; formant quatre entrées.

59e entrée : tables en bois rouge sculpté, pour mettre près du k'ang, par paires.

1. Le prunier est le symbole de l'élégance, jeu de mots entre 梅 et 美.

2. Cet assortiment d'objets est usité pour le culte de Confucius.

3. La licorne signifie la bonté envers tous ; elle signifie aussi la postérité impériale.

4. Ce motif d'ornementation très fréquent est un symbole de nombreuse postérité.

60e, 61e entrées : tables à k'in, en bois rouge ; par paires ; formant deux entrées.

62e, 63e entrées : tables à trois tiroirs, en bois rouge ; par paires ; formant deux entrées.

64e, 65e entrées : grandes tables en bois rouge sculpté ; par paires ; formant deux entrées.

66e entrée : un lit formé d'une planche posée sur des tréteaux, en bois rouge sculpté.

Suit une garniture de grands rideaux, en satin rouge brodé de caractères « double joie » en or.

Vingt boîtes à dragons et phénix sculptés, vernies en rouge. Portées sur des plateaux entourés de rebords en étoffe plissée ; formant dix entrées.

Vingt caisses à dragons et phénix sculptés, vernies en rouge. Portées sur des plateaux entourés de rebords en étoffe plissée ; formant vingt entrées.

Grandes armoires à dessins sculptés ; par paires ; divisées en quatre entrées.

Ce qui est détaillé ci-dessus, forme en tout cent entrées.

Le trousseau (d'après les coutumes mantchoue et chinoise), en deux jours, comprend deux cents entrées.

Mort de l'Impératrice de l'Est.

(Décret.)

Kwang-siu VII, 3e lune, 15e jour.
(11 avril 1881.)

Le 11e jour de la 3e lune de la 7e année Kwang-siu (9 avril 1881), la Grande Chancellerie a reçu un décret impérial :

« Depuis Notre avènement, Nous avons été avec reconnaissance l'objet de la sollicitude profonde et sans bornes de feu S. M. l'Impératrice douairière Ts'e-ngan-twan-yu-k'ang-k'ing-tchao-ho-tchwang-king : pendant sept années, depuis que Nous sommes monté sur le trône jusqu'à ce jour, Nous avons reçu Ses soins affectueux et Nous avons été l'objet de Sa joie maternelle. Toujours Nous La voyions s'avancer pleine de santé et de force ; soir et matin, Elle donnait toute Son attention au gouvernement : Nous Nous réjouissions dans le secret de Notre cœur et Nous espérions avoir le bonheur de La voir parvenir à plus de cent ans.

« Le 9 de cette lune (7 avril), Elle se trouva soudain indisposée : on Lui présenta des médicaments propres à La guérir, afin qu'Elle se remît immédiatement. Contre toute attente, le 10, la maladie s'aggrava tout à coup, les humeurs remontèrent, la respiration fut obstruée ; l'état devint désespéré et, entre 7 heures et 9 heures du soir, Elle expira ; quelle borne pourraient avoir Nos pleurs et Nos prosternements ?

« Nous avons reçu avec respect Ses dernières volontés, Nous ordonnant de porter le deuil vingt-sept jours, ce qui est peu pour apaiser Notre cœur : on portera donc le deuil pendant cent jours et le demi-deuil pendant vingt-sept mois, pour manifester quelque peu la sincérité de Notre douleur.

« La feue Impératrice Nous a prescrit de tâcher de maîtriser Notre douleur, de songer avant tout aux affaires de l'Empire, de toujours avoir présents à l'esprit les enseignements et les soins de S. M. l'Impératrice douairière Ts'e-hi-twan-yen-k'ang-yi-tchao-yu-tchwang-tch'eng : comment oserions-Nous ne pas Nous conformer à ces dernières recommandations ? Nous Nous efforcerons d'obéir à ces préceptes.

« Quant aux rites des funérailles, Nous déléguons pour s'en occuper Yi-tsong, Grand prince de Twen, Yi-hin, Grand prince de Kong, le prince Yi-kwang, le Grand de Notre palais King-Cheou, le Grand Chancelier Pao-Yun, le Vice-Grand Chancelier, Président de Ministère, Ling-Kwei et les Présidents de Ministère Ngen-Tch'eng et Wong-T'ong-he. »

Respectez cela !

Travaux faits à l'occasion des funérailles de l'Impératrice de l'Est.

(RAPPORT AU TRÔNE, *Gazette de Péking.*)

Kwang-siu XIV, 11e lune, 15e jour.
(17 décembre 1888.)

RAPPORT ANNEXE DE LI HONG-TCHANG [1]

En outre,

J'ai reçu du trésorier Song-Tch'wen le rapport suivant :

« Dans le 9e mois de la 7e année (octobre-novembre 1881) Wang K'i-tsiun, alors sous-préfet de premier rang de la sous-préfecture de dépendance directe de Tswen-hwa, a rempli la mission importante de déposer le cercueil de S. M. l'Impératrice Hiao-tcheng-hien [2] au Ting-tong-ling, dans la vallée P'ou-siang. Le Maréchal des Guides fit établir un tertre pour l'abri en nattes devant la pagode de Long-fou : les travaux furent exécutés avec attention et sans erreur. Après évaluation sérieuse et claire, on demande pour acquitter ce compte la somme de 9,891 taëls, 447. Vu qu'autrefois on n'avait jamais établi de tertre pour l'abri en nattes à la pagode de Long-fou et qu'alors pour la première fois on en a établi à la requête du Maréchal des Guides ; considérant que les circonstances sont

1. Vice-roi du Tché-li.
2. Nom du temple de l'Impératrice Ts'e-ngan.

les mêmes que pour les deux sous-préfectures de Fong-jwen et de Yu-t'ien, où l'on a alors pour la première fois établi un tertre à la pagode de T'ao-hwa, il convient, conformément aux archives, de présenter un rapport à S. M., demandant que le compte soit apuré. »

Votre serviteur, ayant examiné ce rapport et l'ayant trouvé exact, a envoyé par lettre le registre des travaux exécutés au Ministère des Travaux : il convient de plus qu'il rédige ce rapport annexe et prie V. M. d'y jeter Son regard sacré et de donner ordre au Ministère d'en prendre connaissance.

Présenté avec respect.

(La Grande Chancellerie) a reçu l'apostille au vermillon : « Que le Ministère des Travaux soit informé. »

Respectez cela !

Honneurs funèbres rendus au Grand prince de Twen.

(Décrets, *Gazette de Péking.*)

I. Kwang-siu XV, 1re lune, 19e jour.
(18 février 1889.)

(La Grande Chancellerie) a reçu le décret impérial suivant :

« Notre oncle, le Grand prince de Twen[1], d'un caractère digne de toute confiance, s'est toujours comporté avec la plus grande vigilance. Dès sa jeunesse, il reçut de Notre Aïeul l'Empereur Siuen-tsong-tch'eng[2], qui le chérissait, le titre de Grand prince du deuxième rang. Feu Notre Père, l'Empereur Wen-tsong-hien[3], pour manifester ses sentiments fraternels, l'éleva au premier rang des Grands princes. Dans les années T'ong-tché, l'Empereur Mou-tsong-yi[4] lui accorda plusieurs fois de très grands honneurs. Depuis Notre avènement, Nous avons songé aux princes de Notre famille avec une profonde affection et avons encore rehaussé leur éclat.

« Le 17 de cette lune (16 février), souffrant d'une maladie des jambes, le Prince de Twen Nous demanda un congé. Nous envoyâmes alors Nos médecins examiner son état. Nous apprîmes avec respect que S. M. l'Impératrice douairière Ts'e-hi-twan-yeou-k'ang-yi-tchao-yu-tchwang-tch'eng irait en personne (avec Nous) pour le voir. La maladie était déjà très grave et Nous avons dès lors été fort inquiet.

« Nous espérions pourtant que les médecins et les médicaments le guériraient et qu'il se remettrait peu à peu. Aujourd'hui, en apprenant sa mort, Notre affliction a été profonde.

1. Cinquième fils de Tao-kwang, frère de Hien-fong.
2. L'empereur Tao-kwang.
3. L'empereur Hien-fong.
4. L'empereur T'ong-tché.

« Nous ordonnons que le Grand prince de Twen reçoive les honneurs funèbres suivant le règlement des Grands princes du premier rang; Nous lui donnons un linceul brodé de caractères tibétains; Nous déléguons le Prince de premier rang, Tsai-ying pour se rendre aujourd'hui, à la tête de dix gardes, chez le Grand prince de Twen et faire les libations; Nous déléguons Thé-tseng, directeur de l'Intendance de la Cour, pour s'occuper des funérailles; toutes les autres affaires seront traitées par des fonctionnaires. Nous lui remettons toutes les peines qu'il a pu encourir dans l'exercice de ses fonctions. Quant aux autres honneurs funèbres, que le yamen compétent s'en occupe après examen des règlements.

« Au fils du Grand prince de Twen, Tsai-lien, duc du deuxième rang Nous accordons par hérédité le titre de Prince du premier degré et Nous lui octroyons le rang de Grand prince du deuxième degré.

« A son autre fils Tsai-yi, Prince du premier degré, nous accordons un congé de cent jours pour le deuil. »

Respectez cela.

II. Kwang-siu XV, 1re lune. 19e jour.
(18 février 1889.)

(La Grande Chancellerie) a reçu le décret impérial suivant :

« Notre oncle, le Grand prince de Twen, venant de mourir, Nous avons déjà donné un décret et choisi le Prince de premier degré Tsai-ying pour aller faire les libations.

« Aujourd'hui Nous venons d'apprendre avec respect que S. M. l'Impératrice douairière Ts'chi-twan-yeou-h'ang-yi-tchao-yu-tchwang-tch'eng se rendra en personne (avec Nous) au palais du Grand prince de Twen pour y faire les libations, afin de montrer toute Sa bienveillance pour Ses proches. »

Respectez cela!

Testament de l'Empereur T'ong-tché.

(DÉCRET.)

T'ong-tché XIII, 12e lune, 7e jour.
(14 janvier 1875.)

Le 6e jour de la 12e lune de la 13e année (13 janvier 1875) T'ong-tché (la Grande Chancellerie) a reçu respectueusement les ordres solennels de l'Empereur :

« Nous avons reçu l'Empire, par le bienfait immense de feu Notre Père, l'Empereur Wen-tsong-hien. Monté sur le trône étant mineur, Nous avons vu avec reconnaissance les deux Impératrices douairières, du jour de

Notre avènement, gouvernant comme Régentes, donner tous Leurs soins aux affaires, soir et matin.

« Lorsqu'Elles nous ont ensuite prescrit de prendre en main le pouvoir Nous avons médité les principes de Nos Ancêtres sacrés et de Notre Maison et Nous avons pris comme base le respect pour le Ciel, l'imitation des Ancêtres, le soin dans le gouvernement, l'amour pour le peuple. Songeant à Notre faible vertu, comment aurions-Nous osé n'être pas plein d'activité le matin et encore le soir? chaque jour, sans repos, pendant plus de dix ans, Nous avons reçu les conseils maternels des Impératrices et Nous Nous sommes efforcé de Nous conformer à la Raison céleste. Par bonheur Nos armées ont étouffé successivement les rébellions du Kwang-tong et des Nian-fei, les bandes du Yun-nan et du Kwei-tcheou, celles du Chàn-si et du Kan-sou, Miaotse et Musulmans, tout est séparément rentré dans le devoir, la tranquillité a reparu : et cependant Notre peuple n'est pas encore guéri des maux venus du fléau de la guerre, et chaque fois que Nous y songeons, arraché au sommeil, Nous ne pouvons reposer. Chaque fois que les provinces ont été ravagées par la sécheresse ou les inondations, les autorités provinciales Nous ont demandé des dégrèvements et des secours, toujours Nous avons usé de bienfaisance; Notre cœur craignait (de ne pas faire assez de bien) : c'est ce que, dans la capitale et dans les provinces, les fonctionnaires et le peuple savent également.

« A la 11e lune de cette année (décembre 1874), malgré Notre santé vigoureuse, Nous avons été pris de la petite vérole et Nous avons songé à Nous soigner. Mais, depuis quelques jours, la vie Nous abandonne à chaque instant davantage, de sorte que Nous ne nous relèverons pas. N'est-ce pas la volonté du Ciel? Alors Nous avons pensé à la question si importante de la succession au trône : pour transmettre l'Empire, il faut trouver un homme.

« Nous avons reçu avec respect les ordres bienveillants de LL. MM. les Impératrices douairières, prescrivant par décret spécial que Tsai-tien, fils de Yi-hwan, Grand prince de Chuen, devienne par adoption fils de l'Empereur Wen-tsong-hien et monte sur le trône pour continuer la série des Empereurs. Notre successeur est plein d'amour pour les hommes, plein de respect filial; il est d'une intelligence éclairée : il est digne que l'Empire lui soit confié. Le Ciel, qui fait naître les hommes, l'élève à la dignité suprême pour être le chef et le pasteur du peuple. Mais que, chaque jour, il applique tous ses efforts et toute son attention à affermir à jamais Notre trône, en connaissant les hommes et donnant la paix au peuple; qu'il soutienne et vénère les deux Impératrices douairières, qu'il console leur cœur maternel; qu'il prenne soin de tous ses ministres et serviteurs, civils et militaires, dans la capitale et dans les provinces : et tous épuiseront loyalement leurs forces pour remplir attentivement leurs fonctions et pour aider Notre successeur à gouverner glorieusement : et alors Notre cœur sera consolé.

« Pour le deuil, qu'il soit de vingt-sept jours suivant les règles anciennes.

« Que ce décret soit publié et annoncé par tout l'Empire, afin que tous le connaissent. »

Respectez cela !

Mort de l'Empereur T'ong-tché.

(DÉCRET.)

T'ong-tché XIII, 12e lune, 7e jour.
(14 janvier 1875.)

Le 6e jour de la 12e lune de la 13e (13 janvier 1875) année T'ong-tché, (la Grande Chancellerie) a reçu le décret impérial suivant :

« Le 5 de cette lune, entre 5 et 7 heures du matin, le feu Empereur, porté par un dragon, est monté parmi les hôtes célestes.

« Nous avons reçu avec respect les ordres bienveillants de LL. MM. les Impératrices douairières Ts'e-ngan-twan-yu-k'ang-k'ing et Ts'e-hi-twan-yeou-k'ang-yi, Nous prescrivant de monter sur le Trône.

« Incliné vers la terre, implorant le Ciel, Nous Nous sommes en vain efforcé de retenir ici-bas l'âme de Notre prédécesseur. Agenouillé, Nous avons médité comment feu S. M. l'Empereur, depuis son avènement il y a treize ans, a reçu avec respect les principes de Sa Maison et S'est conformée aux conseils maternels des Impératrices douairières. Avec des efforts diligents et une attention profonde, il n'est pas un jour où Il n'ait vénéré le Ciel, suivi les préceptes de Ses Ancêtres et fait des soins du Gouvernement et de l'amour pour le peuple la préoccupation de Sa pensée. Dans le choix des fonctionnaires, Il a protégé les gens sages; Il a étouffé les rébellions; la vie du peuple, le plan des affaires de l'État ont été sans cesse présents à Son esprit. Parmi tous les êtres vivants, il n'en est pas qui ne déplore cette mort avec la plus grande sincérité.

« Pour Nous, Nous pleurons des larmes de sang et Notre cœur est écrasé de douleur : comment Nous serait-il encore possible d'exprimer Nos sentiments? Nous songeons seulement, puisqu'un fardeau tel que l'Empire incombe à Notre faiblesse, que Nous aurons un appui dans tous les fonctionnaires, civils et militaires, de la capitale et des provinces : tous mettront tous leurs efforts à Nous servir loyalement et Nous aider à bien gouverner. Il faut que les vice-rois et les gouverneurs administrent le peuple avec douceur, afin que cette vue réjouisse dans le ciel l'âme de feu S. M. l'Empereur : Nous espérons fortement qu'il en sera ainsi.

« Quant au règlement du deuil, Nous avons reçu avec respect le testament de S. M. qui prescrit, suivant les anciennes règles, un deuil de vingt-sept jours; mais Notre cœur ne peut supporter (une durée si brève) : il faut que, d'après les règles de l'antiquité, le deuil soit observé pendant trois ans, afin de manifester quelque peu la profondeur de Nos regrets.

« Les rites importants des prières aux Autels et aux Temples ne doivent naturellement être diminués en quoi que ce soit à cause du deuil : pour le choix des fonctionnaires qui Nous remplaceront, et pour les rites que Nous accomplirons en personne, Nous ordonnons que les administrations compétentes examinent les anciens règlements et Nous fassent part de leurs délibérations.

« Le deuil, pour les fonctionnaires et le peuple de l'Empire, sera déterminé par les règlements fixés.

« Que ce décret soit publié dans la capitale et dans les provinces afin qu'on le connaisse. »

Respectez cela !

Intronisation de l'Empereur Kwang-siu.

(DÉCRET.)

T'ong-tch'é XIII, 12e lune, 19e jour.
(26 janvier 1875.)

Notre Administration vient de recevoir le décret impérial suivant :

« Aujourd'hui, le Ministère des Rites a présenté un rapport, à propos du jour de Notre intronisation et des cérémonies du décret de proclamation. A la vue de ce rapport, Notre émotion a redoublé. Mais Nous avons songé que, feu S. M. l'Empereur Nous transmettant le trône de Ses Ancêtres, Nous Nous efforcerons de Nous conformer aux prières (que tous Nous adressent).

« L'année prochaine sera la première année Kwang-siu (succession éclairée).

« Conformément au choix du jour favorable fait par le Bureau d'Astrologie, les importantes cérémonies de l'intronisation et de la proclamation publique auront lieu à la 1re lune, le 20e jour, dont les signes sont Wou-wou, entre 5 et 7 heures du matin.

« Que toutes les administrations que cela concerne se préparent respectueusement, d'après les anciennes règles. »

Respectez cela !

Établissement de la Régence.

(DÉCRET.)

T'ong-tché XIII, 12e lune, 8e jour.
(15 janvier 1875.)

Le 7e jour de la 12e lune de la 13e année T'ong-tché (14 janvier 1875) (la Grande Chancellerie) a reçu le décret impérial suivant :

« En ce jour, un rapport a été présenté par les Princes et Ducs, les Grands Chanceliers, les dignitaires des Six Ministères et des Neuf Cours, et autres fonctionnaires, pour supplier LL. MM. les Impératrices douairières de prendre la régence. Nous avons respectueusement présenté ce rapport aux regards maternels de LL. MM. les Impératrices douairières Ts'e-ngan-twan-yu-k'ang-k'ing et Ts'e-hi-twan-yeou-k'ang-yi et Nous avons reçu leurs ordres bienveillants (qui suivent) :

« En lisant le rapport des Princes, Hauts dignitaires et autres, Nous sentons une douleur que Nous ne pouvons apaiser. L'établissement de la régence n'est qu'un moyen transitoire : mais il convient seulement de songer que l'Empereur qui vient d'arriver au Trône, est maintenant encore mineur; de plus les affaires actuelles sont nombreuses et difficiles; les Princes et Hauts dignitaires ne peuvent pas ne pas obtenir réponse à leurs suppliques ; puisqu'il n'y a que ce moyen, Nous ferons provisoirement ce qui Nous est demandé. Quand l'Empereur aura terminé Son éducation, Nous procéderons à la remise du pouvoir.

« Respectez cela !

« En recevant ces instructions bienveillantes, Nous avons ressenti une profonde reconnaissance. A la pensée que, malgré Notre faible vertu et Notre humilité, Nous avons reçu de LL. MM. les Impératrices douairières l'ordre bienveillant de monter sur le Trône et qu'avec Notre inexpérience, le mandat suprême Nous a été confié, Nous sommes plein de gratitude pour feu S. M. l'Empereur qui Nous a transmis ce fardeau. L'Empereur défunt Nous a laissé une grande mission et jeté dans les difficultés, Nous restons désolé, livré à Notre faiblesse : heureusement Nous comptons sur la protection de LL. MM. les Impératrices douairières qui prennent Elles-mêmes le gouvernement.

« Vous tous, Princes, Hauts dignitaires, Fonctionnaires de tous rangs de la capitale et des provinces, vous devez Nous venir en aide, mettre tous vos efforts, employer toute votre vigueur et votre loyauté à Nous aider à bien gouverner, pour consoler l'âme de feu S. M. l'Empereur dans le ciel, pour répondre à l'attente des fonctionnaires et des peuples jusqu'à la mer : alors Notre félicité sera vraiment profonde.

« Quant à l'ensemble des affaires de la régence, Nous ordonnons aux Princes et Dignitaires que cela concerne, de délibérer comme il convient pour fixer des règlements et de Nous présenter à ce propos un rapport détaillée.

Que ce décret soit publié dans la capitale et dans les provinces pour qu'on le connaisse. »

Respectez cela !

Rapport du Grand Conseil au sujet de la remise du pouvoir.
(Gazette de Péking.)

Kwang-siu XIV, 11e lune, 21e jour.
(23 décembre 1888.)

Vos serviteurs, Ché-te[1], Ngo-lo-ho-pou[2], Tchang Tché-wan[3], Hiu Keng-chen[4], Swen Yu-wen[5], agenouillés, adressent un rapport pour demander des instructions.

A la 1re lune de la 13e année Kwang-siu (janvier-février 1887), S. M. l'Empereur a pris en main le Gouvernement, en S'aidant des conseils officiels de S. M. l'Impératrice douairière. Dans l'ensemble de toutes les choses gouvernementales, il y avait lieu pour les unes de revenir aux anciennes règles, pour les autres de modifier la procédure ancienne, pour d'autres de différer l'exécution : Vos serviteurs, après délibération officielle, avaient présenté, le 17e jour de la 10e lune de la 12e année (12 novembre 1886), un rapport contenant une série d'articles ; le 20e jour de cette lune (15 novembre 1886), Nous avions respectueusement reçu les ordres bienveillants de S. M. l'Impératrice douairière : « Qu'on se conforme à la délibération. » Cela est dans les archives.

Le deuxième mois de l'an prochain (mars 1889), auront lieu les cérémonies de la remise du pouvoir. Il n'y a pas lieu de délibérer à part sur tous les points où l'on est déjà revenu aux anciennes règles : mais il faut s'occuper à présent des points pour lesquels on doit revenir à ces anciennes règles et de ceux où l'on doit apporter des modifications provisoires. Après une délibération approfondie et après nous être entendus, dans une entrevue, avec S. A. le Grand prince de Chwen, nous sommes tombés d'accord sur les articles suivants que nous présentons avec respect à la décision impériale. A savoir :

Pour les rites des sacrifices à Confucius et des explications solennelles, ainsi que pour l'expédition des affaires au palais K'ien-ts'ing, il y a lieu d'attendre avec respect des instructions spéciales avant de procéder à ces cérémonies.

Item : les rapports des fonctionnaires de la capitale et des provinces devront porter inscrite la formule : « Aux regards sacrés de S. M. l'Empereur » ; les rapports présentés pour saluer LL. MM. continueront à être présentés en double exemplaire, l'un à S. M. l'Impératrice douairière, l'autre à S. M. l'Empereur.

1. Grand prince de Li.
2. Mantchou, de la Bannière bleue bordée, Explicateur Impérial, Grand Chancelier, etc.
3. Chinois, Explicateur Impérial, Grand Chancelier, etc.
4. Chinois, Président au Ministère de la Guerre.
5. Chinois, Explicateur Impérial, Président au Ministère de la Justice.

Item : pour les présentations de tous les fonctionnaires faites par les diverses administrations, nous proposons que, après l'examen des rapports par S. M., on Lui demande Ses ordres, au moment où Elle fait appeler en audience Ses serviteurs, conformément au règlement actuel, et qu'on agisse d'après les ordres reçus.

Item : pour les examens militaires du degré supérieur, autrefois le Ministère de la Guerre priait, par un rapport, S. M. d'assister en personne aux examens : nous proposons de prier que l'on revienne à l'ancienne règle.

Item : lorsque le Ministère de la Guerre présente un rapport tendant à la nomination de hauts dignitaires surveillants des purifications, (les noms) étaient jadis écrits séparément, en caractères mantchous, sur de grandes tablettes; pour les fiches d'appel à en-tête rouge et à en-tête vert, (après remise desquelles) on attend respectueusement que l'Empereur fasse sonner de la trompe par les Bannières, l'on écrivait autrefois en caractères mantchous sur de grandes tablettes : nous proposons au Trône de revenir aux anciennes règles.

Item : pour les autorisations d'exécuter les criminels, nous proposons que l'on se conforme provisoirement au règlement actuel.

Ayant soumis les articles ci-dessus aux regards sacrés de S. M. l'Impératrice douairière et de S. M. l'Empereur, nous attendons avec respect Leurs instructions pour nous y conformer et nous occuper de faire savoir ce qu'il y aura lieu, aux administrations de la capitale et des provinces.

Rapport respectueux.

(La Grande Chancellerie) a reçu les ordres bienveillants qui suivent :

« Qu'on se conforme à la délibération. »

Respectez cela !

Remise du pouvoir.

(DÉCRET.)

Kwang-siu XV, 2e lune, 1er jour.
(2 mars 1889.)

Le 19e jour de la 6e lune de la 14e année Kwang-siu (27 juillet 1888) (la Grande Chancellerie) a reçu avec respect les ordres bienveillants de S. M. l'Impératrice douairière Ts'e-hi-twan-yeou-k'ang-yi-tchao-yu-tchwang-tch'eng :

« Précédemment, quand S. M. l'Empereur a commencé à s'occuper en personne du Gouvernement, Nous n'avons pu faire autrement, pour les décisions à prendre, que de Le conseiller quand il s'est présenté quelque affaire, et Nous Nous sommes efforcée de répondre aux vœux des Ministres, qui Nous demandaient de donner Nos conseils officiels pour le Gouvernement pendant quelques années. Voici que, depuis deux ans, l'Empereur, après le soin des affaires, a continué ses études : Il a pénétré de plus en plus profondément dans les affaires de l'État, petites et grandes. Il est capable en temps opportun de prendre des décisions et de fixer des arrangements convenables : Nous en sommes extrêmement joyeuse.

« Au premier mois de l'an prochain (février 1889), après l'achèvement des cérémonies du mariage, il convient que l'Empereur prenne en main le Gouvernement pour répondre aux espérances des Ministres et des sujets dans tout l'Empire.

« Nous ordonnons que le Bureau d'Astrologie choisisse, dans le 2e mois de l'année prochaine (mars 1889), un jour favorable pour la remise du pouvoir, et qu'il Nous adresse un rapport à ce sujet. »

Respectez cela !

Le 22 de la 6e lune (30 juillet 1888) (la Grande Chancellerie) a reçu de nouveau avec respect les ordres bienveillants de S. M. l'Impératrice douairière :

« Le Bureau d'Astrologie Nous présente un rapport : conformément à Nos ordres, il a choisi un jour favorable et il attend que ce jour soit fixé par la volonté impériale. Nous ordonnons que la remise du pouvoir ait lieu le 3e jour de la 2e lune de l'année prochaine (4 mars 1889). »

Respectez cela !

Faveurs octroyées à l'occasion de la remise du pouvoir.

(Décret, *Gazette de Péking.*)

Kwang-siu XV, 15e lune, 22e jour.
(21 février 1889.)

(La Grande Chancellerie) a reçu les ordres bienveillants de S. M. l'Impératrice douairière Ts'e-hi-twan-yeou-k'ang-yi-tchao-yu-tchwang-tch'eng.

« L'Inspecteur général des Douanes, Sir Robert Hart, fonctionnaire du premier rang, portant la plume de paon, s'occupe depuis longtemps des Douanes maritimes avec exactitude et sûreté ; il y donne toute son attention ; ces derniers temps, les produits des Douanes ont augmenté chaque année : (il a administré) avec la plus grande distinction et d'une façon accomplie.

« A l'approche de la remise du pouvoir, il convient de lui accorder de nouveaux honneurs pour encourager son zèle déjà si grand : Nous ordonnons que trois générations des ancêtres de Sir Robert Hart reçoivent le grade de fonctionnaire de la première classe du premier rang. »

Respectez cela !

Seoul, le 24 novembre 1890.

TABLE

PREMIÈRE PARTIE

SECONDE PARTIE

Traductions.

ANGERS, IMP. BURDIN ET Cie, RUE GARNIER, 4.

SECONDE PARTIE

[illegible]

[illegible]

IV. — Costumes des Princesses et Dames de la Cour

V. — Règlement [illegible] jour du Mariage

VI. — [illegible]

[illegible]

www.ingramcontent.com/pod-product-compliance
Lightning Source LLC
LaVergne TN
LVHW020334230826
846091LV00003B/862

* 9 7 8 2 0 1 3 2 7 0 3 0 4 *